深圳先行示范丛书 科技创新卷

承载与远见：机制催生创新

王小广 主编　杨柳 著

海天出版社
HAITIAN PUBLISHING HOUSE
·深圳·

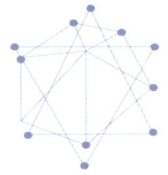

主 编 简 介　**王小广**

　　中共中央党校（国家行政学院）经济学部副主任、研究员、博士生导师。1995 年获得中国社会科学院研究生院博士学位。曾长期就职于国家发改委经济研究所，先后担任经济形势研究室主任和发展战略与规划研究室主任。2009 年调入国家行政学院，担任决策咨询部副主任。曾连续 9 年主持国家发改委宏观经济研究院重点课题"宏观经济形势跟踪、预测和对策"。在《人民日报》《经济日报》《经济学动态》《管理世界》等报刊发表论文 400 多篇。独立或主笔完成的著作 10 余部，如《中国经济高速增长是否结束？》《中国发展新阶段与模式转型》《新时代宏观调控创新》《治堵经济学》；还主持和参与 10 多项其他部委和地方政府委托的规划课题。2019 年受深圳市委委托，担任重大课题"深圳如何建设'两范'城市"的主持工作。

作 者 简 介　**杨　柳**

　　深圳本土作家，从事经济、科技、创业类题材创作十余年。创作的《创客志：中国创业经典案例研究》系列被列入"十三五"国家重点规划项目；《为创新而生》获得 2016 年度全国城市出版社优秀图书二等奖。还参与主编了《华为创新三十年：解密华为成功基因丛书》《深圳创业故事》《粤港澳大湾区战略性新兴产业研究》等多部科技创新类书籍，受到读者广泛好评。

　　联系方式：zkjhwh2016@163.com

总序

2020 年 8 月，深圳迎来经济特区建立 40 周年的华诞，海天出版社特别策划出版"深圳先行示范丛书"，作为一份特别的礼物以飨读者。

在中华人民共和国成立 70 周年之际，《中共中央 国务院关于支持深圳建设中国特色社会主义先行示范区的意见》正式发布，这标志着深圳站在一个新的起跑线上，肩负着新的历史使命。2020 年 10 月，中共中央办公厅和国务院办公厅发布《深圳建设中国特色社会主义先行示范区综合改革试点实施方案（2020—2025 年）》，赋予深圳在重点领域和关键环节改革上更多自主权，支持深圳在更高起点、更高层次、更高目标上推进改革开放，这是新时代推动深圳改革开放再出发的又一重大举措，也是创新改革方式方法的全新探索。深圳承载着我国攻坚克难的坚定决心，未来将全力书写新时代的"春天的故事"。

南海之滨，东方风来；鲲鹏击浪，志在万里。

40 年来，深圳就是凭借中央赋予的特殊政策"先行一步"，从边陲小镇一跃成为经济发达、科技进步的国际化都市；正是改革开放成就了深圳的奇迹，深圳的未来势必沿着改革开放道路坚定地前行，在新时代走在前列，在新征程勇当尖兵。

当前，我国经济发展呈现速度变化、结构优化、动力转换三大特点，要大力推进经济结构性战略调整，把创新放在更加突出的位置，继续深化改革开放，为经济持续健康发展提供强大动力。在这个历史关头，深圳承担起新的任务，不仅要先行，还要示范，把一些好的做法复制和推广到全国，不断增强我国经济创新力和竞争力。目前，深圳正在酝酿一批有含金量、示范性的重大改革创新政策，争取一批有引领性、突破性的先行先试政策，形成一批可复制、可推广的重大制度成果，向社会主义现代化标杆城市奋勇前进。

习近平总书记曾多次强调科技创新是提高社会生产力和综合国力的战略支撑。他在2013年欧美同学会成立一百周年的庆祝大会上说："创新是一个民族进步的灵魂，是一个国家兴旺发达的不竭动力，也是中华民族最深沉的民族禀赋。在激烈的国际竞争中，惟创新者进，惟创新者强，惟创新者胜。"

党的十九大报告旗帜鲜明地提出："创新是引领发展的第一动力，是建设现代化经济体系的战略支撑。"报告中10余次提到科技、50余次提到创新，到2035年，我国跻身创新型国家前列的目标将激励全社会积极实施创新驱动发展战略，擦亮中国创造、中国智造的名片。

国家的核心战略是创新驱动发展，深圳建设先行示范区的动力也是创新发展。高质量发展离不开创新发展，深圳要成为高质量发展高地，根本出路在于实施创新驱动发展战略，通过创新实现产业结构调整，培育现代产业体系。比如，国家支持以深圳为主阵地建设综合性国家科学中心，以及建设5G、人工智能、网络空间科学与技术、生命信息与生物医药实验室等重大创新载体；为发展战略性新兴产业，国家要求深圳在未来通信高端器件、高性能医疗器械等领域创建制造业创新中心。

显而易见，创新发展是先行示范区建设的底色，也是中国特色社会主义生机和活力的彰显。"深圳先行示范丛书·科技创新卷"就是聚焦深圳的创新发展事业，从创新驱动发展的基因到产业实践，再到创新体系建设，力图总结出一套有关科技创新的经验做法，能够给其他城市的发展提供一定的启迪和借鉴。

"所当乘者势也，不可失者时也。"新时代为深圳创造了许多重大历史机遇，深圳人要牢牢把握党中央的战略意图，坚持以习近平新时代中国特色社会主义思想为指导，弘扬敢闯敢试、敢为人先的改革精神，保持日夜兼程、奋力拼搏的精神面貌，建设中国特色社会主义先行示范区，辐射带动全省乃至全国的经济高质量发展，为实现中华民族伟大复兴的中国梦提供有力的支撑。

王小广

2020 年 11 月

深圳先行示范丛书

SHENZHEN
XIANXING
SHIFAN
CONGSHU

科技创新孕育新型示范城市

近些年，走在治学与求实路上亲历中国社会经济的重大变革，心里不断生发出"和平年代培养专家，变革年代需要思想"的感慨。21 世纪第二个 10 年之后，各发达国家靠前沿技术搭建起世界高新技术产业，数字技术支持下的智慧经济排浪而来已是不争的事实。所以有学者追问，深圳经济特区建立 40 年来究竟以什么样的弄潮手段，成为新时代的创新排头兵呢？作为一座屹立于世的国际型大都市，如果要在世界性范围内突显深圳的作用，一般可以从哪些逻辑关系陈述其生成的过程和发挥的重要性呢？

打造一批兼具科学元理念和底层基础技术支撑的新型科研机构，无异于建设中国特色社会主义先行示范区的源头活水。20 多年来，深圳组织各方力量在基础研究、源头创新上发挥政府效能，组织建设了一批以科学发现、技术发明、产业发展为主要特征的科研机构，不但集聚了众多的创新人才，还将科技成果转化成带动区域经济发展的重要力量，强化了深圳的创新能力和综合实力。在深圳市政府各项政策的扶持下，以中国科学院深圳先进技术研究院、鹏城实验室、深圳量子科学与工程研究院、深圳市大数据研究院、深港脑科学创新研究院为代表的新型研发机构不断开拓创新，吸纳一流的学者，组建卓越的科研团队，推动产研结合，促进深圳的科技创新水平和规模迈上新高度。

所有人都不会忘记20世纪八九十年代的深圳经济发展模式，大车间、流水线、模块化生产方式在短短20多年的时间里潮起潮落。但令人欣喜的是，制造经济的生产终端派生出了物流采购、供应链管理和整合信息技术三个相对独立的业态环节。特别是近10年，随着移动智能终端叠加在微机终端之上，新的终端不仅催生了人类的脑力劳动，而且以数字替代技术为始发点，衍生出完全不同的数字创造技术。数字经济雏形就完美地隐藏在"生产—交易—消费—分配"的产业链里。深圳作为广东省创建国家创新型城市的代表，坚持把自主创新作为城市发展的主导战略，成功切换产业发展模式，使创新型经济特征更加明显。深圳以企业为主体在全社会持续投入研发资金，使专利数量和质量遥遥领先全国其他城市，梯次型创新企业群的自主创新成果领跑全国科技前沿，并使高新技术产业成为创造区域经济的第一大支柱产业。在创新驱动成为深圳城市发展引擎的时候，深圳把它视为打造国际科技创新中心的一把钥匙，知识产权战略、标准化战略和质量强市战略就是深圳市政府确立的服务于创新驱动的三大助力。未来，还将打造全国乃至世界性的创新型金融中心。

同时，依托数字技术支持下的联网共享经济与粤港澳大湾区经济产业链相结合，让深圳迎来成为世界级科创中心城市的最佳历史机遇。分析深圳的功能分化趋势，它的空间布局有力证明了这一点：（1）珠三角地区周边产业链的总部经济延伸端向深圳方向聚集；（2）第三方市场和大宗商品市场向核心都会区集聚；（3）权益类要素市场的业态形式将与周边卫星城和产业集聚核心区结合；（4）互联网＋市场中介平台成为连接周边产业的桥梁和纽带。作为一座致力于数字基础设施和科技金融创新的城市，深圳通过深化数字技术支持下的新型国民经济体系，破解核心企业区块链、核心市场区块链、核心金融机构区块链与数字技术支持下的新货币市场对接点，引发深圳地区经济体系产业成长、区域规划以及科技金融场景运用等综合效应。在此基础上，创设高端人才集聚效应，打造数字经济与科技金融、产业升级与核心机构场景创设的试验点，推动深圳成为全国数字经济、科技金融的实验区、示范区，吸引更多新经济、新金融、新业态落户深圳。

回顾以科技创新闻名的世界级城市，伦敦、巴黎、纽约和东京都有一段因科技产业爆发而造就的光荣历史。过去的 10 多年时间里，他们在材料、系统集成、新型能源等方面取得长足进步，出现了引领智能机器制造和数字经济的新一轮发展趋势。"它山之石，可以攻玉。"为建设中国特色社会主义先行示范区，深圳出台了一系列带动创业创新机制，为创业者提供公平、公正的制度环境，成为粤港澳大湾区经济增长的火车头。但是，深圳、广州、香港、澳门以及大湾区其他城市的竞争与共生，有点类似于纽约都市圈和旧金山大湾区，它们追求效率、重视人才、信息共享、不断突破、宽容失败的良性竞争，带动城市在创新高地取得长足进步。这些都印证了共同繁荣的动力学机制离不开坚持产业化的导向，为转变经济发展方式和调整产业结构提供有力的技术支撑。值得称赞的是，深圳形成以企业为主的创新机制，不但政府做好产业规划，为企业创新提供制度保障，还强化政府部门的服务意识，在全社会培育创新环境。比如，南山区政府设立了专项研发资金，每年举办"创业之星"大赛，为创业者搭建对接实现创新成果的平台，还为创新发展积聚了一批后备人才。

理解时代创新的要义，有效借鉴世界发达经济体内创新型城市的经验，希冀深圳城市的设计者为中国的复兴和崛起贡献城市的力量。期盼深圳在先行示范区的大船上，助推出一组组科技创新的排浪，让深圳在优势和特色产业方面发挥全方位的示范和引领作用，在一些更关键的领域表现出独特的区位优势和产业格局。

曹和平

2020 年 12 月于燕园北西山脚下

（作者系北京大学教授）

创新，为人类带来的是福祉，为国家带来的是繁荣。在浩瀚的历史长河中，创新改变着世界的容颜，也是国家之间较量的利器。

科学的诞生带来了一种前所未有的崭新力量。它是一种思维方式，是一种应用方法，是一种观念，是一种象征，是一种可以不断积累、可以自我纠错的知识工具。科学引发的创新广泛而深刻地改变着人类生活的方方面面，树立起人类进程的一座座里程碑。当科学登上历史的舞台，人的创造力开始成为推动经济繁荣和国家强盛的核心要素，追求创新以及创新的精神，如同找到了生命的基石，使人类社会得以成长、强壮。

有这样一座城市，她因创新而闻名于世，因科技而熠熠生辉；她年轻而富有活力，开放而无限包容，吸引全国乃至全球的创新精英把最美的青春年华在这里恣意绽放。

她，就是深圳。

深圳，是包容的。

高交会、深创赛、双创周，以政府为主导，一个个展现创新创业的舞台圆了多少人的创业梦。不管你来自何方，不管你曾经辉煌还是落魄，不管你是海外留学人员，从高校、科研机构、大企业走出来的高管与技术人员，还是毫无根基的大学生、务工人员，都体会到"政府搭台、企业唱戏"的浓厚氛围，一拨拨创业者为深圳的发展注入鲜活的动力。

深圳，是创新的。

2008 年 9 月，深圳发布了我国第一部国家创新型城市规划。今天，深圳在创新载体建设、新兴产业聚集、创新文化营造方面取得傲人的成绩。在高新技术产业，华为、腾讯、比亚迪等知名企业驰骋海内外市场，在战略性新兴产业领域，涌现了大疆、普门科技、云天励飞等行业新星。

深圳，是开拓的。

深圳鼓励和扶持中国科学院深圳先进技术研究院、深圳量子科学与工程研究院、鹏城实验室、深圳市大数据研究院等一批新型科研机构在深圳落地，为深圳基础研究和源头创新引来新鲜血液。在打造"双创"升级版的过程中，深圳市科技主管部门对关键核心技术和产业共性技术攻关侧重引导，敢于啃硬骨头，敢于涉险滩、闯难关，激发各类主体创新的激情和活力。

包容、创新、开拓，造就了深圳城市发展的新内涵。深圳市政府甘当配角，为创业者提供公平、公正的制度环境和政策服务；创业者真正成为深圳创新大潮中的主角，可以集中精力搞技术研发、企业管理、市场开拓。翻开深圳的创业史，一个个名字熠熠生辉，举足轻重：任正非与华为，马化腾与腾讯，王传福与比亚迪，高云峰与大族激光，刘先成与普门科技，陈志列与研祥……

为什么来自五湖四海的人能在这里燃起创业的激情？为什么高新技术产业能成为深圳的支柱产业？为什么党中央选择深圳建设中国特色社会主义先行示范区？"深圳先行示范丛书·科技创新卷"将从城市战略、科研机构、新兴产业、科技金融四个方面，解说深圳建设中国特色社会主义先行示范区的第一推动力就是科技。

本丛书分为四册：《基因与潜能：创新驱动发展》，介绍深圳坚持创新驱动发展战略，实施知识产权战略、标准化战略和质量强市战略，搭建并完善创新支撑体系；《源头与活水：新型科研机构》，对中国科学院深圳先进技术研究院、深圳量子科学与工程研究院等新型科研机构进行详细介绍；《承载与远见：机制催生创新》，介绍深圳如何进行产业创新机制的探索，对生命健康产业、人工智能产业、机器人产业等战略性新兴产业做重点介绍，讲述包括国内医疗器械行业第一家获得国家科学技术进步奖一等奖的企业——普门科技、爱国实业家唐翔千先生投资创办的清溢光电、专业的智能制造和智慧物流系统提供商今天国际等知名企业的创业故事；《催化与裂变：科技联姻金融》，介绍深圳通过研发资金改革推动科技金融创新，通过科技金融服务平台建设推动科技产业的发展，介绍深创投、高新投、天使母基金、达晨、基石资本、创东方、担保集团、工商银行科创中心、平安产险等知名创投企业和金融机构是如何帮助创业者走向成功的。

这是《中共中央 国务院关于支持深圳建设中国特色社会主义先行示范区的意见》出台后第一部系统梳理深圳科技创新经验的丛书，将对我国的科技创新事业起到巨大的推动作用。正如习近平总书记所说："从全球范围看，科学技术越来越成为推动经济社会发展的主要力量，创新驱动是大势所趋。新一轮科技革命和产业变革正在孕育兴起。""国际金融危机发生以来，世界主要国家抓紧制定新的科技发展战略，抢占科技和产业制高点。"在日趋激烈的全球综合国力竞争中，我们没有别的选择，非走自主创新道路不可，中国需要在新一轮的科技竞争中一马当先。

如今，在建设粤港澳大湾区和建设中国特色社会主义先行示范区"双区驱动"的时代背景下，深圳将承担更为重大的历史使命。如果说最初改革开放先行先试是深圳的使命，今天先行先试已经成为这座城市的自觉追求，沉淀为深圳的城市基因，科技创新更已融入深圳的文化血脉中。希望"深圳先行示范丛书"像一道光，照亮祖国大地上的每一座城市，希望更多的城市会迸发出科技之光，为中华民族屹立于世界之林贡献巨大力量。

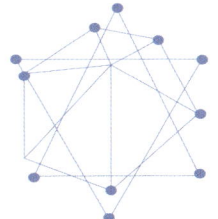

　　要坚持产业化导向，加强行业共性基础技术研究，努力突破制约产业化优化升级的关键核心技术，为转变经济发展方式和调整产业结构提供有力支撑。要以培育具有核心竞争力的主导产业为主攻方向，围绕产业链部署创新链，发展科技含量高、市场竞争力强、带动作用大、经济效益好的战略性新兴产业，把科技创新真正落到产业发展上。

　　——习近平总书记在上海考察时的讲话（2014 年 5 月 23 日、24日）

深圳先行示范丛书

SHENZHEN

XIANXING

SHIFAN

CONGSHU

contents 目录

第四章 深圳创新文化生机勃勃 _143

第一章

深圳产业创新
机制探索

深圳先行示范丛书

SHENZHEN

XIANXING

SHIFAN

CONGSHU

　　深圳经济特区作为我国改革开放的重要窗口，各项事业取得显著成绩，已经成为一座充满活力、动力、创新力的国际化创新型城市。深圳经济特区建立 40 年来，创造了许多奇迹，如果从单位土地面积创造的生产总值看，深圳 2019 年每平方公里产出 13.48 亿元，排名全国第一。按照新发展理念的要求，深圳在践行五大发展理念方面位居全国领先地位，是中国最接近现代化强国目标的城市。深圳的创新发展能力不仅国内领先，成为中国高新技术产业发展的一面旗帜，而且开始在全球显现出巨大的影响力。

　　20 世纪 90 年代到 21 世纪初，深圳的产业升级经历了由自发到自觉的跨越，高新技术产业逐步形成了以企业为主体的创新机制。政府做好产业规划，充分发挥产业政策的指导作用，为创新提供制度保障。同时，得益于宽松的环境和政府的产业政策引导，"中介服务 + 成果孵化"推动科技成果产业化，深圳高新技术产业获得了健康快速的发展。

1. 深圳产业升级由自发到自觉的跨越

经济的结构性调整有赖于长期上升、永不停滞的高新技术产业化的形成过程，而高新技术产业化又有赖于一个更深刻层次的优秀制度做支撑。深圳的高新技术产业恰恰是基于这一逻辑发展起来的。

（1）借力香港制造业北移，深圳科技产业起步

深圳的高新技术产业发展实际上经历了一个由自发到自觉的过程，而深圳市政府推广的一系列支持高新技术产业发展的政策措施，也明显起到促进科技产业发展的作用。后面将专门探讨深圳市政府既发挥引导职能，又强化企业创新主体地位的规划思路。

改革开放后最初的十年，深圳经济高速发展基本得益于毗邻香港的地理优势。20 世纪末，世界经济格局发生了重大演变，国际资本流动和产业梯次转移为全球经济带来巨大的活力。90 年代初，香港制造业完成北移，推动深圳乃至珠江三角洲地区形成了新的制造业产业带，使该地区成为世界经济格局中最富活力的增长点。1985—1998 年，深圳的工业企业由 609 家上升到 2077 家，增长 2.4 倍，1998 年年末职工数增长了 2.6 倍，工业固定资产投资规模增长 3.3 倍。[①]

香港制造业北移过程中也为深圳带来了香港制造业已具有的现代化生产工艺和技术、现代化管理方法和经营机制、国际市场生产竞争的信息，以及按国际惯例运作的市场意识，为深圳建立工业体系和完善市场体系起到了举足轻重的作用。然而，香港制造业与珠江三角洲地区制造业的结合只是一种低层次的结合。香港的资金、市场网络与珠江三角洲地区的

---

① 魏达志主编：《深圳高新技术产业发展的十大启示》，深圳：海天出版社，2000 年，第 295 页。

土地、劳动力形成低水平组合，生产主要满足国外对劳动力密集型产业的需求，无论技术、管理、质量都比香港原来的制造业平均水平要低。深圳市政府在 20 世纪 90 年代初就针对"三来一补"企业提出转型提高的若干需求，这些政策主张实际上蕴含着对产业提升到较高水平的一种追求和期望。深圳市委、市政府适时地做出了转变产业发展战略方向的抉择，有计划地收缩了在当时发展势头很好的"三来一补"企业，集中财力、人力、物力发展以电子信息、新能源、新材料和生物技术为代表的高新技术产业。这是深圳市委、市政府抓住历史的机遇，做出的一个英明的战略抉择。

"八五"期间，深圳提出"赶龙"计划，也就是追赶"亚洲四小龙"，开始重视产业规划的编制和政府产业政策导向；"九五"期间，深圳明确提出要打"高科技牌"，要建成高新技术产业开发生产基地，实施"形成一批主导和支柱产业、一批企业集团和一批名优拳头产品"的"三个一批"战略，集中力量发展先进工业，形成计算机及其软件、通信、微电子及基础元器件、光电一体化、视听、重点轻工、能源 7 个主导产业。1998 年，深圳工业总产值达到 1848 亿元，位居全国大中城市第五位。其中高新技术产品产值 655 亿元，占工业总产值比重的 35.4%。深圳已经成为全国发展高新技术产业的重要基地。

从 1990 年到 2001 年，深圳高新技术产业产值占工业总产值的比重由 8.1% 提高到 42.3%，第三产业也同时快速发展。深圳的工业化从早期外向型经济增长阶段逐步向现代经济增长阶段迈进。

（2）政府定位清晰，重点发展高新技术产业

深圳决定发展高新技术产业，是由当时国际大背景、国内形势和深圳

实际情况决定的，实践证明深圳的选择是正确的。

由于深圳构建了较为稳固的工业体系，1997 年的亚洲金融危机并没有给深圳经济体系造成致命的冲击，但深圳已经从这场危机中看到发展高科技产业的重要性。从产业结构方面看，金融危机之所以首先主要冲击东南亚地区，与这些国家劳动密集型产业和资金密集型产业集中，实行出口导向的发展战略，而对发展高附加值的高新技术产业重视不足密切相关。有了这些印证，深圳市更加坚定了发展高新技术产业的决心。

虽然，深圳高新技术产业在 21 世纪初已经形成一定规模，但大量核心技术、高端技术仍然掌握在发达国家的手中，企业只能赚取微薄的利润。与此同时，深圳面临着土地不足、能源不足、环境承载力不足的种种制约，加上国际原油、原材料价格不断上涨，对外向依存度较高的深圳工业经济产生了比较明显的影响，因此，深圳进入了"工业产业结构调整升级，由速度型向效益型转变"的转型期。

2006 年 1 月，深圳市委、市政府正式出台《关于实施自主创新战略建设国家创新型城市的决定》。这是继 2004 年之后，以鼓励创新为主题的又一个"一号文件"。两个"一号文件"相衔接，标志着深圳市完成了从产业发展战略到城市发展主导战略的历史转变，勾画出了创新型城市的路线图。深圳从过去依存度高、效率低下的外向型、粗放型的经济发展模式，逐渐走上自主创新发展高新技术产业、建设自主创新型城市的道路。

2008 年爆发了全球金融危机，深圳更加清醒地认识到在新一轮的经济发展周期中，技术变革是经济增长的主要来源。次贷危机的根源是美国经济脱实向虚。为了制止经济危机进一步恶化，美国通过量化宽松和对大型金融机构实施国有化政策，稳住了阵脚，然后启动再工业化，恢复经济"造血"功能，力挽经济败局。2008 年以后，发达国家保护主义抬头，直到多哈回合贸易谈判失败，世界贸易组织受到了成立以来最为严峻的挑战。

在这样一个国际背景下，深圳对生物技术、互联网、新能源、新材料、新一代信息技术、文化创意、节能环保等新兴产业进行重点布局。2014 年，深圳获批建设国家自主创新示范区，积极开展创新政策先行先试，引导企业加大创新投入，规划、覆盖产业结构，引入、培养方方面面的人才，加速布局研究型大学，创建国家重大创新载体和平台。深圳的创新环境进一步优化，创新发展的后劲增强，一个更具竞争力和影响力的创新示范区已初具雏形。

这一系列政策为深圳的自主创新事业保驾护航。近年来，深圳的创新型经济发展势头良好。2019 年，全社会研发投入继续超过 1000 亿元，生产总值比重保持全国领先；全市高新技术产业实现产值 26277.98 亿元，同比增长 10.08%；实现增加值 9230.85 亿元，同比增长 11.26%；深圳高新区综合实力连续 3 年位居全国第二；专利申请量 261502 件，同比增长 14.39%；专利授权 166609 件，同比增长 18.83%，每万人发明专利拥有量、有效发明专利五年以上维持率、PCT（专利合作条约）国际专利申请量连续多年位居全国各大城市首位。深圳高质量发展基础更加牢固，科技创新的支撑引领作用愈加明显。

2020 年 1 月 2 日，第九届管理决策效率评价研讨会暨《2019 中国地方政府效率研究报告》发布会，发布了 2019 年中国地方政府效率排行榜。其中，广东省位列 2019 年中国效率"十高省"第四名；深圳位列 2019 年中国效率"百高市"第一名。长期以来，深圳以市场化、法治化和国际化为目标，力推多项改革，简政放权，优化办事流程，在全国率先推进商事登记配套制度改革，简化创立公司流程，大大激发了来深创新创业人的热情。

（3）提升创新能力，步入创新驱动轨道

深圳建市之初，科研院所数量为零。1996 年，清华大学与深圳市政府大胆创新，共建深圳清华大学研究院，开启了我国新型科研机构的崭新发展模式。

2006 年，深圳抓住中科院调整全国科技资源的良机，办起了中国科学院深圳先进技术研究院（以下简称"深圳先进院"），从而有了首个国家级科研机构，很快发展成深圳源头创新生力军和人才高地。鉴于此，深圳市政府对拥有超前眼光和充满活力的新型科研机构情有独钟，随后创办了大数据研究院、深港脑科学创新研究院（以下简称"深港脑院"）、鹏城实验室等创新载体。

从世界各国的经济发展规律看，在经济发展到中等收入水平时，往往会面临中等收入陷阱和经济增长动力不足的风险。能走出中等收入陷阱的国家都在科技创新方面投入了很大力量。目前，我国的人均国民生产总值已经迈入中等国家收入水平，也面临着经济增速放缓、环境污染等问题。中央已经提出了创新驱动发展战略，有的地方转型会快一些，有的地方转型会慢一些。深圳作为改革开放的排头兵，经济转型升级与创新发展方式为其他城市提供了可借鉴的经验。发达的市场化环境、完善的制造业链条、活跃的创新创业氛围、优秀的企业家群体……在解读深圳创新模式时，深圳的创新优势已被共知，但深圳市政府却对深圳的创新环境有异常清醒的认识。他们在多个公开场合提到，深圳在土地、空间、税收、人才引入、公共服务平台建设等多个领域，都或多或少存在制约创新发展的政策性和制度性障碍，要想办法尽快解决，切实为创新企业创造良好的生态环境。

深圳本地媒体在自我剖析创新短板时指出：深圳高等教育和特色学院建设取得长足发展，但如何打通科研成果和市场的壁垒，将科研成果转化为产业增加值，仍需要体制改革和创新发展。作为全国首个出台民营科技企业发展条例的城市，深圳在创新驱动发展上率先"吃螃蟹"，但发展至今，掣肘创新驱动的政策和体制障碍依然存在。

根据迈克尔·波特的经济发展阶段理论，经济发展可以划分为要素驱动、投资驱动、创新驱动和财富驱动四个阶段。用通俗的话进行解释，要素驱动是常说的"靠山吃山，靠水吃水"，投资驱动是形象的"修马路，建高楼"，而创新驱动则是注重内生增长，好比汽车安装了一台能够自动补充能量的发动机。作为我国创新驱动先行一步的城市，深圳已初步跨越了要素驱动和投资驱动发展阶段，进入通过技术进步提高全要素生产率的创新驱动发展新阶段。深圳已步入创新驱动轨道，经济增长方式由要素驱动向创新驱动转变，成为国内创新驱动发展最典型的城市。

十多年来，深圳的科技创新事业主要体现在企业积极开展自主创新，创新成果绝大部分属于跟随创新的范畴，这属于科技创新的"1.0 版本"。未来，深圳市政府将加大对国家实验室、研究型大学等科研基础设施的投入，打造一批高端的创新平台，吸纳具有攻坚能力的核心团队，更注重源头创新能力的建设，努力将科技创新的水平和规模推向新的高度，向世界一流看齐，这好比科技创新的"2.0 版本"。唯有得到来自国家层面的支持，打破制约科技创新的种种壁垒，创新要素才能自由流动，创新核引擎才有可能激发出"核效应"，催生一批原创性的科技成果，筑就深圳国际一流创新中心的地位。

2. 形成以企业为主体的创新机制

2006 年 1 月，时任深圳市委书记李鸿忠在全国科学技术大会上的发言引起较大反响，"深圳的 4 个 90%"第一次在政府文件里正式提出，即90% 以上的研发机构、90% 的研发人员都在企业，90% 的研发经费来自企业，90% 的专利是由企业申请。通过政府的政策引导，科技资源匮乏的深圳依托经济特区的集聚优势，以企业为主体的创新机制逐渐形成。这是深圳高新技术产业迅猛发展的主导力量。

（1）由企业主导技术创新体系建设

受计划经济体制的影响，我国的技术创新决策相当长的一段时期是由政府主导的。我国主要的创新活动多集中在高等院校、科研机构，企业尚未成为自主创新的主体，企业数量和企业实力也不足以支撑各类创新活动，而高校的科研成果由于脱离市场需求，也很难转化为现实生产力。政府主导技术创新的最大问题就是技术成果脱离市场的需求，这个弊病非常突出。

那么，技术创新究竟应该是由政府主导还是由企业主导呢？实践证明，由于技术创新具有非常大的不确定性，到底是哪一种技术能够取得突破，哪一种创新产品是市场所需要的，只能依靠企业在市场上不断地尝试，由市场做裁判员，筛选和决定哪个技术研发方向是正确的。所以，企业是技术创新的主导力量，也是技术创新活动的实施者和受益者。当企业成为技术创新的主体，创新活动才会有效率，才能最大限度地把科技与经济"两层皮"结合在一起，才会把科技转化成现实生产力，促进社会的繁荣和进步。

我国科技体制改革不断深入，技术创新体系的导向逐渐由过去政府主导转变为由企业主导，并构建以企业为主体、市场为导向、产学研相结合的技术创新体系。这个思路不仅由国家"十一五"规划明确提出，2006年颁布的《国家中长期科学和技术发展规划纲要（2006—2020年）》进一步将其作为中国特色国家创新体系建设的突破口，党的十八大报告再次明确要着力构建这种技术创新体系。

经过多年的经济建设，无论是社会资金和人才储备，还是企业数量和综合实力，我国企业已经具备成为创新主要参与者的能力、实力。而且，我国社会主义市场经济已初具规模，各类需求层出不穷，也为企业成为创新主体创造了适宜的发展环境和肥沃的土壤。随着大量科学技术不断涌现，也让适应市场发展的企业大展拳脚成为可能。

以市场为导向是确保企业作为主体参与创新，并保持长期活力的基础。创新的本质是不断满足各类需求，而发现需求、满足需求正是市场经济之所长。以市场为导向，能够吸引大量企业参与其中，通过竞争来激发全社会的创新能力；同时，市场将进一步发挥对各类资源的有效配置作用，确保中国特色社会主义总目标的实现。

综观世界发达国家，主导性的技术创新无不依赖于企业。比如，埃隆·马斯克成为硅谷连续创业的新版旗帜人物。他研制出特斯拉电动汽车，完成了私人公司发射火箭的壮举，打造出世界最大的网络支付平台，作为特斯拉、太空探索技术公司（SpaceX）以及贝宝公司（PayPal）三家公司的创始人，被誉为"把世界甩在身后的人"。在发达国家，中小型企业的技术创新也显得格外活跃，技术创新成果的80%来自于中小型企业。

作为改革开放的窗口，深圳培育了一大批敢为人先的企业家，他们在科研项目选择、技术路线确认、市场策略决策方面发挥着主导作用。他们根据市场需求确定技术研发的方向，组织科研团队不断创新产品，再将新产品投放到市场。又根据市场反应、反馈信息，不断升级迭代、改善产品。这种决策由于贴近市场的需要，所以效率很高，促进企业成为技术创新真正的主导者。

比如，作为全球较为顶尖的无人机飞行平台和影像系统自主研发和制造商，大疆创新始终以领先的技术和尖端的产品为发展核心，从最早的商用飞行控制系统起步，逐步研发推出了 ACE 系列直升机飞控系统、多旋翼飞控系统、筋斗云系列专业级飞行平台、多旋翼无人机、三轴手持云台系统等产品，填补了国内外多项技术空白，成为全球同行业中领军企业。大疆创新以"飞行影像系统"为核心发展方向，通过多层次的空中拍摄方案，带给人类全新的飞行感官体验。2019 年 7 月 18 日，中国电子信息百强企业名单发布，大疆创新位列第五十二位。

在深圳，这种企业主导技术创新决策的案例比比皆是。由于企业成为创新决策的主体，这里处处涌动着创业、创新的激情，并催生出一批颇具规模的高科技产业群体，以及自主决定技术创新方向的中小企业。

2019 年，全球 PCT 专利申请量前 10 位的公司有两家来自深圳，分别是位列榜首的华为和排名第五的中兴。迈瑞医疗、普门科技、奥比中光、云天励飞、优必选等创新活力十足、高成长性的明星企业也成为各自领域的"小巨人"。

深圳创新企业队伍不断壮大，2019 年国家高新技术企业新增数达2500 余家，总量达 1.7 万家，居全国大中城市第二。

（2）旺盛的市场需求是创新的根本动力

旺盛的市场需求是我国科技创新的根本动力。满足人民的美好生活需要是技术创新的目标，是创新价值得以实现的最终环节。随着经济规模不断扩大，我国国内消费市场规模加速增长，从最初的自行车、手表和缝纫机，到电视机、电冰箱、洗衣机，再到现在的手机、电脑、新能源汽车，消费成为产业结构升级、国民经济结构变革的基本力量，对我国科技进步起到决定性的带动作用。

新兴的消费理念和消费需求带动新技术、新产业的快速成长。日趋激烈的市场竞争激发了企业的创新动力；巨大的市场规模和多样化的细分市场，为企业差异化创新和发展提供了空间和市场机遇。

正是由于企业抓住了市场的需求，深圳本土企业群体在市场经济大潮中奋勇搏击，成就了一大批知名的企业。

腾讯就是其中一家最具代表性的创新企业。它成立于1998年，是我国最大的互联网综合服务提供商之一，也是我国服务用户最多的互联网企业之一。腾讯从研发即时通信工具起步，2002年3月，QQ注册用户数突破1亿大关。2003年8月，腾讯推出QQ游戏，再度引领互联网娱乐体验。微信软件2011年正式上线，它拥有比以往任何沟通工具都优越的功能，并衍生出了一系列很实用的功能应用。如今腾讯致力于多元化的数字服务，包括社交和通信服务QQ及微信、社交网络平台QQ空间、腾讯游戏旗下QQ游戏平台、门户网站、腾讯新闻客户端、腾讯视频等。

《福布斯》杂志曾这样评价："深圳是自发性创新的代表，开放的经济格局及市场经济先行一步，使创新成为企业的内生动力。"深圳一些知名科技企业茁壮成长，成为中国企业参与国际竞争的先锋。在激烈的市场竞争中，一批具有国际竞争力的创新型龙头企业脱颖而出，迅速崛起，与此同时，高成长性的创新型中小企业不断涌现。"无形之手"推动企业创新跟着市场前行，助力企业向全球创新链、价值链的上游攀升，创造出一个又一个创新创业的奇迹。

3. 政府做好产业规划，为创新提供制度保障

企业从事技术创新活动，也离不开政府的大力支持和保障。在深圳，政府这只"有形之手"一方面是"有所不为"，即不干涉企业具体的创新活动，另一方面又要"有所为"，即为企业创新行为创建有利的制度环境，提供服务和保障。

深圳市委、市政府出台的《关于努力建设国家自主创新示范区实现创新驱动发展的决定》中明确提出："完善以企业为主体的技术创新体系。以需求为导向，以应用促发展，发挥企业在技术创新决策、研发投入、科研组织和成果转化中的主体作用。"

（1）强化政府部门服务意识

2007 年，在美国弗吉尼亚大学医学院担任研究员的盛司潼博士和五六位好友回到了国内，他们先后在北京上海考察，还在上海注册了公司。"深圳的创业氛围非常好，"盛司潼回忆说，"2008 年春节刚过，我们到深圳高新技术产业园区考察，向时任高新办副主任张恒春谈起我们的成果，他很快就懂得我们是做什么的，还说基因测序设备和试剂是基因检测产业的上游，深圳正需要这方面的原创技术和团队。才见一面的张主任当即力邀我们留在深圳，还开车带着我们去考察留学生创业园。当时，留

学生创业园已经没有可出租的场地，张主任立马决定腾出一间办公室给我们。一番谈话之后，我们在一个小时内就决定留在深圳创业。"就这样，华因康基因在南山科技园留学生创业大厦一间小小的办公室里成立了。2010年，基因研发团队获得首批"广东省引进海外创新科研团队"的称号。如今，他们的团队已有200多人，在基因测序领域获得的国内外专利近400项。

2014年7月16日，码隆科技正式注册。税务局给企业联合创始人黄鼎隆打来电话，通知码隆科技是深圳税务系统中登记注册的第100万家企业，这则新闻第二天就登上了报纸。黄鼎隆很快接到中国创新创业大赛的通知，虽然公司成立只有一周时间，包括他本人一共才两个员工，就这样的小小团队居然凭借过硬的本事，过五关斩六将，在复赛中获得96.6分的赛史最高分，随后在跨六大行业的总决赛中勇夺团队组一等奖的佳绩。2018年，码隆科技被达沃斯世界经济论坛评选为"科技先锋"，是唯一上榜的中国企业。

像盛司潼、黄鼎隆这样对深圳市政府部门服务意识大加赞赏的创业者不胜枚举。深圳市注重强化政府部门的服务意识，明确提出发展高新技术产业必须运用市场经济手段，要让企业成为主角。政府在与企业打交道的时候，要淡化权力意识，强化服务意识。

以留学生创业园为例，这个孵化器就具备超强的服务意识。创业园除为留学生创业提供场地，还具体提供十大类、100余项服务，包括项目管理及工商注册服务、政策咨询服务、融资服务、商务文秘服务、信息服务和联谊沟通服务等。除了协助企业申报政府各项资金，每年定期组织企业参加中国国际高新技术成果交易会、中国国际人才交流大会、中国海外人才交流大会等展会外，还举办项目推介会，投资机构与企业见面会、座谈会，项目沙龙，并与风投机构建立专人对接的方式，随时推荐项目，跟踪项目。创业园为每个入园企业建立档案，除企业的基本情况外，还为每家企业建立了信用登记。对项目、信用均良好的企业，创业园给予重点关注和支持。曾有留学生企业家表示："从遥远的异国他乡再来到同样陌生的移民城市深圳创业，我是一样的举目无亲。但有了深圳留学生创业园，我和我的项目就有了一个真正温暖的家。"

（2）为创新提供制度保障

深圳市十分注重为企业创新活动提供制度保障，在以下几个方面重点布局：

第一，营造良好的法治环境，搭建开放、公平、有序的市场体系。深圳已将法治化、市场化、国际化作为城市发展战略的新高度，努力为企业的发展营造良好的环境。比如，为了促进创新事业的发展，深圳知识产权法治建设走在全国前列，早在1996年就出台实施全国首部技术秘密地方性法规——《深圳经济特区企业技术秘密保护条例》。2018年12月27日，深圳市六届人大常委会第二十九次会议通过《深圳经济特区知识产权保护条例》，于2019年3月1日正式实施。这是全国首部涵盖知识产权全类别、以保护为主题的地方法规，在建立合规性承诺制度、设立行政执法技术调查官、发布行政临时禁令、构建信用惩戒机制等方面进行一系列创新，为实施最严格的知识产权保护提供法律制度保障，对优化深圳知识产权保护的社会环境发挥了重大作用。

第二，注重制定宏观性的产业发展规划，引导高新技术产业健康、有序发展。比如，深圳早在"八五"计划中明确提出"以高新技术产业为先导，先进工业为基础，第三产业为支柱"的产业发展战略；又在"九五"

计划中提出"把深圳建成高新技术产业开发生产基地"的目标；近年来深圳市政府先后发布了七大战略性新兴产业规划，并将生命健康、海洋经济、航空航天、机器人、可穿戴设备、智能装备等确定为未来产业，引导企业创新方向，但不会干涉企业的具体创新活动。

第三，弥补市场运营缺失的管理环节，对一些新技术的初始阶段，政府进行适当补贴。由过去的"补供方"，改为"补需方"，即在有需要补贴的地方对需求方进行补贴，由需求者在市场上选购他们中意的产品，这样才能更加有效地配置创新资源。比如，深圳对新能源汽车有补贴政策，就是针对消费者的补贴，对新能源汽车购置者给予与国家补贴同样额度的地方补贴。

第四，政府为创新提供服务和支撑，不断优化营商环境。一方面，政府设立支持中小企业信贷的担保公司，组织开展相关培训，提升中小企业自身竞争能力；另一方面，促使企业从创新中提升竞争力，让中小企业在创新中得到好处，如一项新的技术发明申报后，政府对相关申请和授权给予支持。这些都是深圳市政府优化营商环境的积极举措。

营商环境是企业生存发展的土壤。深圳高度重视企业服务和上市培育工作，尤其在促进企业上市方面，更是"服务前移、贴身周到"。用一位已经在创业板排队的深圳本地企业董事长的话来说，从政府角度支持企业上市，是其他任何地区无可比拟的软服务实力，只要有上市的计划，各级政府相关部门都能提供相应服务。

他回忆，上市过程中报到证监会的材料，第一轮反馈就收到几百条要求企业补充更新的信息；又找到深圳市中小企业服务局，要当天回复证监会，必须要一天内出函，真的可以做到一天内就出函。在等待过会的过程中，证监会会反馈大量的问题，并需要政府部门配合解释，市中小企业服务局会帮助企业协调与各个政府部门的关系。可以说，"不需要政府的时候，感觉不到政府的存在；需要政府的时候，政府就在身边"。

优良的营商环境吸引了大量的企业在深圳落地生根。据企查查数据显示，截至 2020 年 5 月底，深圳共有商事主体 337 万户，其中企业 211.3 万户、个体户 125.7 万户。全市每千人拥有企业 157.2 户，已经跻身全球发达国家和地区水平。

（3）政府注重培育创新环境

在实施创新驱动战略时，深圳市政府一直注重创新环境的培育，建立更加有利于科技创新投入的体制机制，甘当企业的"后勤部长"，助推企业加大研发投入。

早在 20 世纪 90 年代，深圳市委、市政府就高瞻远瞩地谋篇布局。首先，建立了高新技术产业园区，为进驻园区的高新技术企业提供投融资服务，充分发挥政府的杠杆作用。其次，推动高新技术风险投资市场体系的建设，完善高新技术产业投资服务公司的职能，加大对"高新投"公司的资本注入。到 2000 年总资本达到 4 亿元，逐步建立起由项目市场、资金市场和产权交易市场组成的高新技术风险投资市场体系。再次，推动高交会落地。1999 年金秋，深圳市政府与外经贸部、科技部、信息产业部、中国科学院合作，举办了首届中国国际高新技术成果交易会，每年举办一次，成为我国高新技术产业里最具有影响力的盛会，有效地促进了高新技术产业的繁荣。

近十年来，深圳市委、市政府继续加大对创新环境的培育力度，从下面几个方面重点开展工作：其一，建立多元化科技投入体系，从机制上确立企业创新主体地位。深圳在建立以市场需求为导向、企业为主体的技术研发体系过程中，相应地建立了以政府投入为引导、企业为主体的科技投入新机制。政府财政的积极引导也是企业强化引导的重要因素。据测算，财政研发投入可带动企业 4—5 倍的配套投入，对科技园区等基础设施或产业关键共性技术进行财政投入，更会引导社会资本、金融资本数十倍的跟投。

其二，布局数量更多、覆盖更广的创新载体，促进企业开展技术创新活动。近年来，深圳创新载体呈裂变式发展，陆续建成国家超级计算深圳中心、大亚湾中微子实验室、中科院深圳先进院、国家基因库、深圳市大数据研究院、深港脑院、鹏城实验室等，各级重点实验室、工程实验室、工程（技术）研究中心、企业技术中心等创新载体超过 2000 家。企业的创新活动得到强有力的支撑，创新活动日趋活跃。相关数据显示，从 2010 年至今，深圳市技术合同数量和成交总额均位居全国计划单列市首位。仅 2019 年，深圳市认定登记技术合同 10216 项，完成技术合同成交额 705 亿元，占广东省总量的 31%，占全国总量的 3.1%。

其三，改革科技经费的投入方式，使社会资本要素向高科技产业聚集，充分激发中小微企业的创新活力。2013 年，出台了《深圳市科技研发资金投入方式改革方案》，取消了企业申报科技研发资金限制门槛，发挥财政资金引导、放大和激励作用，全面撬动银行、保险、证券、创投等资本要素投向科技创新领域。目前已初见成效，深圳成为国家引导社会资本进入科技创新领域的先行区。

比如，创梦天地是从事互联网数字内容运营的国家高新技术企业，以手机游戏、动漫等线上线下融合的数字娱乐知识产权作为核心竞争力，借助腾讯生态圈用户和渠道的优势为客户打造丰富立体的综合数字文化娱乐体验。在深圳市南山区科创局的推荐下，中国工商银行科创企业金融服务中心向创梦天地提供有科创特色的综合金融服务方案，并协同中国（深圳）知识产权保护中心，以著作权（游戏版权）质押为突破口，成功为该公司发放了深圳市首笔著作权质押融资。该笔业务充分利用"银行＋科创企业＋评估公司＋知识产权服务机构＋政府"五位一体的知识产权金融服务体系，打通了知识产权认定、价值评估、质押登记、处置交易和法律保护的全流程。创梦天地著作权质押融资业务的落地，是对社会资本要素先行先试，化"知本"为"资本"支持民营企业的真实写照，为政府部门搭建知识产权服务联盟提供了有力支撑。由此可见，政府出台扶持政策，银行持续进行金融服务创新，都为有效解决中小微企业融资难、融资贵问题提供了新路径。

深圳市南山区政府设立了专项研发资助资金，创建了一系列创业苗圃。每年举办"创业之星"大赛，为广大创业者搭建对接创新资源的平台。成立于2008年的深圳第七大道科技有限公司，是2009年"创业之星"大赛优胜奖得主，当时的20万元奖金可谓是巨大鼓励。深创投等投资机构在赛后快速跟进，企业最终得以生存和迅猛发展。2018年，该公司在港交所挂牌上市，成为继3K游戏之后第二家成功在香港上市的内地游戏厂商。

4. 形成需求导向的创新路径，整合产学研创新资源

整合产学研创新资源，推动全社会创新活动迅猛发展，缩短科技成果转化为生产力的路径，促进经济高质量发展，这是深圳在创新实践中积累的宝贵经验。

（1）企业从事技术创新需具备动力与能力

一般讲，企业完成技术创新活动需要兼具动力和能力两个要素，但中小企业由于缺乏资本和技术的积累，不具备很强的创新能力；大型企业一般有创新的能力，却因为处于垄断地位而缺乏创新动力。

深圳市在推进企业自主创新的进程中，意识到需要培育一大批既有创新动力又有创新能力的优质企业，让追求创新成为这些企业内生动力和自觉行动。深圳通过强化"企业主导＋市场引导"的创新氛围，调动那些缺乏技术创新能力的企业敏感地捕捉市场上的各种创新成果，在发展中逐步形成和提升自己的创新能力。

2018年春天，中科·万科创客营首届大赛——建造机器人与公寓服务机器人设计与应用大赛在中科创客学院举行，包括君望机器人团队在内的6支团队响应公寓服务机器人需求，展示了巡检机器人、物业服务机器人、清扫机器人等产品和技术方案；在建造机器人领域，4支团队展示了喷涂机器人、喷砂机器人、砂浆批荡机器人、滚涂机器人等设计方案和产品方案。由行业龙头企业发出技术需求、各中小企业积极响应参与的创新大赛在深圳经常举办，恰恰是这些机遇构成了培育优质创新企业的肥沃土壤。

（2）建立以企业为主导的产学研合作机制

由一些行业龙头企业或新型研发机构牵头，整合产学研创新资源，建立以项目为载体、以利益为纽带、以企业为主导的产学研合作长效机制，是深圳创新发展的一个显著特色。深圳先后组建了3D显示、大数据、新材料、物联网、云计算、LED等数十个产学研结合创新联盟。例如，深圳市LED产业标准联盟成员承担了国家973重大专项"高性能LED制造与装备中的关键基础问题研究"项目，攻克产业链上下游制造环节中 6 种关键设备，为未来 LED 产业发展提供技术支撑。2014 年，深圳先进院牵头创立了中国第一个机器人产业协会以及产业联盟，建立机器人专利池，努力打造服务机器人产业集群和孵化基地，有效催生和壮大机器人新工业。如今深圳聚集了 700 多家机器人企业，为该产业提供了强大的储备资源。

（3）"创新载体 + 成果孵化"，推动科技成果产业化

2018 年 6 月，深圳市深创谷技术服务有限公司（以下简称"深创谷"）获批国家发展和改革委员会审批的"国家双创示范基地重大项目"，一炮走红，独特的商业模式吸引了不少国内外创新团队的关注。深创谷能给创新者提供工程研发服务，实现从 0 到 1 的跨越，帮助创业者实现产品交付。简单地说，深创谷专注于打造工程赋能平台，专为创投而生。

像深创谷这样的新型技术孵化平台，在深圳还有不少。它们围绕技术创新所需要的各种要素，用不同的孵化形式提供特色化服务，帮助创业者实现创新成果的孵化和转化。

为了给创新创业提供高效的服务平台，提升双创环境下创新成果的转化能力，深圳市政府大力促进科技与产业合作平台的对接，支持建设重点实验室、研发中心、技术中心等科技创新机构，围绕科技企业孵化器、众创空间等开展创业培训。

截至 2019 年年底，深圳拥有国家、省、市级重点实验室、工程实验室、工程研究中心等各类创新载体累计达到 2260 家，其中国家级 118 家。围绕基因组学、超材料、大数据、石墨烯等前沿科技领域，设立 12 家基础研究机构，组建 11 家诺贝尔奖科学家实验室。鹏城实验室、深圳湾实验室、人工智能与数字经济广东省实验室（深圳）、岭南现代农业科学与

技术广东省实验室深圳分中心 4 个实验室落户深圳，合成生物研究、脑解析与脑模拟等设施顺利开工，省部共建肿瘤化学基因组学国家重点实验室稳步推进。总体看，深圳在创新载体建设和基础科研领域陆续取得重大突破。

第二章

高新技术产业
独领风骚

深圳先行示范丛书

SHENZHEN

XIANXING

SHIFAN

CONGSHU

　　深圳高新技术产业以市场为导向，以产业化为重点，采取创新和引进相结合的方式，建立以企业为主体的技术开发体系，走出一条科技与经济结合的新路子。同时，注重借鉴国际成功经验，营造有利于高新技术产业发展的新机制。

　　2019 年，深圳全社会研发投入继续超过 1000 亿元，所占生产总值比重保持全国领先；全市高新技术产业实现产值 26277.98 亿元，同比增长 10.08%；实现增加值 9230.85 亿元，同比增长 11.26%，深圳高新区综合实力连续 3 年位居全国第二。在深圳经济发展的版图上，高新技术产业独领风骚，其中电子信息产业和生物医药产业独具特色。

1. 电子信息产业一马当先

（1）电子信息产业成为深圳支柱产业

　　以市场导向和产业化为特征的电子信息产业的发展是深圳引人瞩目的成就。深圳的电子工业经历了从来料加工到自有产品，从传统加工制造发展到拥有一批高新技术，从分散的"轻、小、精、新"工坊向规模经营转变的发展进程。20 世纪 90 年代末期，深圳市已初步形成了计算机、程控交换机、电话机、专用集成电路设计、光电子、视听产业、网络系统集成和软件八大产业基地格局。

1997 年，电子信息产业产值已经实现 432 亿元，占全市工业总产值的 31.07%，在全国大城市中排名第七。1998 年，电子信息类产品产值达到 600.12 亿元，占全市高新技术产品产值的 91.9%，占全市工业总产值的 36.3%，其中计算机、通信等信息产品产值占半壁江山，成为深圳高新技术产业的支柱产业，深圳成为全国最大的信息技术产业化基地，亚洲地区最大的电子信息产业配套基地。

1997 年，深圳市生产 45 万台微型计算机，占全国产量的 25%；程控交换机 652 万线，占全国产量的 36%；生产打印机 380 万台，计算机硬盘 776 万台，电脑显示器 223 万台，均位列全国第一。当时，深圳已经有计算机及相关生产厂家 1500 多家，生产除芯片以外，从机箱、板卡、接插件、显示器到磁头、硬盘驱动器等几乎所有的计算机零部件，年配套能力在 2000 万台左右。深圳的产业配套优势成为吸引跨国公司投资深圳的重要动力。国内每 3 台微型计算机就有 1 台由深圳生产；全球每 100 块板卡就有 6 块由深圳制造。

这一年，深圳市计算机及其软件产品产值达到 258.11 亿元，比上年增长 48.13%，产品销售收入、出口额和利税分别为 253.66 亿元、27.55 亿元、28.11 亿元，分别比上一年增长 48.14%、52.46%、148.76%。

这一年，深圳市微电子及元器件产业产值达到 112 亿元，超大规模集成电路封装生产能力为 7 亿只，生产电子元器件 149 亿只，深圳赛意法微电子有限公司、先科机电设备公司及天马微电子股份有限公司在微电子工业中崭露头角。

这一年，深圳市视听产业产值达到 115 亿元，生产彩色电视机 520 万部，录放音机 256 万部，彩色晶体管玻壳 754.8 万只，彩色显像管 235.4 万只，赛格日立、中康玻璃成为国内重要的彩管、玻壳生产基地，"康佳"牌彩色电视在全国销量跃居首位。

（2）软件产业实力逐年增强

深圳是一座世界闻名的"硬件之都"，是世界上 PC 主板研发制造量最大的一座城市。华强北电子一条街曾经声名远播，在那里可以找到任何一种电子元器件，小到电阻、电感、电容，大到各种各样的 PC 主板、面板。这种便利给深圳硬件创新带来了极大的便利条件，为 IT 产业链的打通提供了很好的机遇。2017 年，深圳电子信息制造业产值占据着全国近 1/6 的份额，其中通信产品、平板显示等多种电子信息产品产量位居全国首位，全国约 70% 智能硬件出自深圳。

同时，深圳又是一座"软件之城"，深圳的软件业收入和规模居全国第二。2017 年，深圳软件业增速超过全国平均增速，信息技术咨询服务月度累计同比增速达 38.12%—49.04%，远高于全国的 14.29%—17.36%。

深圳软件产业整体实力较强，体现在两个方面：一方面，国内很多行业软件是由深圳的 IT 企业研发的；另一方面，深圳互联网应用范围非常广泛，差不多 2/3 的企业在实施网上营销。相关数据显示，2015 年，深圳市软件业务收入约 4500 亿元；2016 年，深圳市软件业务收入约 5196.7 亿元，继续保持近 15% 的增速；2017 年，深圳市软件业务收入约 5966.3 亿元，同比增长 14.2%，在全国仅次于北京。上述数据说明深圳软件产业实力在迅速增强。

2017 年，深圳市开展软件业务企业个数超过 1600 家，华为公司以

2177.7 亿元软件收入位居 "2017 年（第 16 届）中国软件业务收入前百家企业名单" 榜首，是第二名获奖者海尔集团的 5 倍以及第三名获奖者浪潮集团的 11.8 倍。

（3）多个细分领域竞争优势凸显

20 多年来，深圳电子信息产业居于高新技术产业龙头的地位从未改变，只不过在一些细分领域竞争优势越来越明显。

2019 年 3 月的 2019 中国（深圳）IT 领袖峰会上，深圳市科技创新委员会主任梁永生发布了《深圳 IT 产业发展报告》，指出深圳的 IT 产业产值达到 2.41 万亿元，成为电子信息制造行业重要的生产基地，在传统家电、通信产品、计算机产品、数码产品、LED 等领域成为全球的制造中心，在数字通信、IC、智能终端、智能硬件等诸多领域亮点纷呈，尤其是 IC 设计业销售额超过 100 亿美元，位居全国首位。2017 年和 2018 年，深圳吸引相关领域的科技人才 61440 人，是国内吸引人才最多的城市。

《深圳 IT 产业发展报告》显示，除了电子信息类硬件产品外，深圳在云计算与大数据、物联网、通信、人工智能与金融科技等细分领域都有不俗表现，竞争优势凸显。在云计算与大数据行业，深圳成长出一大批以华为、中兴、腾讯、金蝶等为代表的行业龙头企业。

在物联网行业，深圳市建成各类重点实验室、工程实验室的载体百家，物联网企业 1.1 万多家，国际窄带物联网（NB-IoT）的标准中，41% 来自华为，中兴微电子发布国内首款自主研发的 TEE（可信执行环境）安全物联网芯片。

在通信行业，深圳是 5G 试点城市之一，通信领域上市公司超过 50 家，是国内通信领域发展活跃、集聚效益最优的地区之一。

在人工智能产业，深圳市拥有 292 家人工智能企业，居世界第八位，在亿欧智库发布的国内人工智能产业发展城市排行榜中，深圳排名第三。

在金融科技领域，深圳有相关企业 1640 家。2018 年 8 月 10 日，深圳开出了首张区块链电子发票，代表区块链行业进入了"技术＋应用场景"的新时代。

2. 生命健康产业方兴未艾

（1）生物医药产业逐渐发展壮大

除了电子信息产业，生物医药产业也是蓬勃发展的新领域。深圳市委、市政府敏锐地看到这个新兴产业的前景，适时出台政策鼓励该产业的发展。而深圳之所以能发展这个产业，是因为其具备发展该产业的基本条件：一是深圳的生物医药（含医药、医疗器械和生物工程）产业已经悄悄崛起；二是改革开放以来形成了市场经济、金融投资的良好环境；三是毗邻香港，拥有国际化视野和经济区域大都市发展的经验。

于是，在 20 世纪 90 年代，深圳成为全国医疗器械、生物技术的重要产业化基地。1997 年，深圳生产白蛋白（ALB）干扰素 508 万支，生物乙肝疫苗 2700 万支，均位居全国第一。数据显示，1998 年 1 月至 10 月，生物医药产业工业总产值达到 50 亿元，排名仅次于电子信息和日用工业品，居深圳市各产业排名第三位。当时，国内 15 个基因工程产品中已有半数落户深圳，生物医药产业正以每年 100% 的增幅高速度发展。[1]

然而，作为一个科研基础薄弱的新兴城市，深圳发展生物医药产业存

① 魏达志主编：《深圳高新技术产业发展的 10 大启示》，深圳：海天出版社，2000 年，第 455 页。

在三大不利的因素。首先，深圳缺乏产生生物技术知识的创新源头——科研机构；其次，高速发展的生物医药产业技术含量普遍偏低，缺乏生物技术的整体开发能力，缺乏高水平的专业技术人才；再次，与国内生物医药产业存在产业趋同的现象。

（2）深圳出台扶持生物产业发展政策

为了突破生物医药产业发展的局限，深圳市委、市政府高度重视营造产业创新环境。从 2009 年开始，重点打造生物医药产业集群，出台了生物产业振兴发展规划及配套政策，促进深圳的生物产业保持高速增长。

根据《深圳生物产业振兴发展政策》，自 2009 年起，连续 7 年，每年为市高新技术重大项目专项资金、科技研发资金、技术进步资金各安排 1 亿元，加上市财政新增 2 亿元，每年集中 5 亿元，设立生物产业发展专项资金（以下简称"专项资金"），用于支持生物产业发展。

建立深圳生物产业发展联席会议制度，负责全市生物产业发展协调工作、生物技术企业认定、享受优惠政策条件审定及专项资金管理。联席会议由深圳市发展和改革委员会、深圳市科技工贸和信息化委员会、深圳市财政委员会等 3 个部门组成，根据议题可邀请其他部门参加联席会议。对于企业的研发、产学研合作，都给予大力支持，比如，鼓励企业、高等院校和科研机构积极承担生物产业领域各级研发及产业化项目，专项资金予以最高 1500 万元配套支持；为了促进创新能力提升，在深圳设立符合规定的研发中心、工程实验室、重点实验室、工程中心、公共技术服务平台，专项资金予以最高 500 万元资助；企业、高等院校和科研机构承担国家工程实验室、国家重点实验室、国家工程中心建设任务，并在深圳实施的，专项资金予以最高 1500 万元配套支持。对自主创新生物产品研发，专项资金予以最高 800 万元资助。同时，明确指出要加强知识产权工作。专项资金每年安排不低于 300 万元，用于生物产业专利池建设、基础性专利研究与分析、专利预警报告发布。加强产业标准工作。专项资金每年安排不低于 300 万元，用于推动生物企业积极参与国内外标准化活动，催生研发与标准化相同步的机制，制定具有自主知识产权的技术标准。

为了培育和引进一批具有较强创新能力和国际竞争力的生物企业，支持生物企业在深圳设立总部；支持生物企业开拓国际市场，生物企业申请美国食品药品监督管理局（FDA）认证、欧盟动态药品生产管理规范（CGMP）和安全合格（CE）认证、世界卫生组织认证及其他国际市场准入认证，开展生物产品国际多中心临床研究或申请国外注册，专项资金予以最高 800 万元资助。

在上述这些扶持政策激励下，深圳的生物产业规模保持高速增长。全市生物产业规模在 2013 年首次超千亿元人民币，达 1055 亿元，增长速度为 15%。《深圳健康产业发展报告 2018》显示，2018 年深圳健康产业持续增长，产值规模约 2900 亿元。截至 2018 年年底，深圳生命健康产业相关企业总数为 104766 家，较 2017 年增长 2303 家，较 2016 年增长 4779 家。

（3）生物医药产业呈高速发展态势

深圳市加大政策扶持力度，推动生物医药产业要素集聚，生物医药产业规模保持稳步增长。2015—2019 年，产业增加值年均增长率达到 18%，逐渐成为引领深圳乃至粤港澳大湾区生命科技创新的重要"引领极"。2019 年，生物医药产业增加值为 337.81 亿元，增长率为 13.3%。

生物医药产业的发展促成众多的企业上市。截至 2019 年年初，在 A 股、港股和新三板上市的企业达到 45 家，其中 A 股上市 15 家，港股上市

3 家，新三板上市 27 家。其中，医疗器械类企业 20 家、药品类企业 17 家、医疗服务类企业 6 家、医药商业类企业 2 家。

深圳市生物医药领域创新载体共 300 余家，其中国家级的创新载体有 21 家。深圳主要的产业园区包括坪山国家生物产业基地、深圳国际生物谷生命科学产业园、南山医疗器械产业园和光明现代生物产业园。坪山国家生物产业基地是首批国家生物产业基地之一，研究涉及生物医学工程、生物制药、现代中药、化学制药、医疗器械等领域，拥有一大批领军企业，如国药致君、万乐药业、赛诺菲巴斯德、翰宇药业等生物制药企业。

深圳国际生物谷生命科学产业园吸引了诺贝尔奖得主马歇尔院士团队、王荣富教授带领的肿瘤生物标志物和免疫治疗研究团队、华大农业等 200 多个知名的团队和企业入驻，园区产值达到 10 亿元。

南山医疗器械产业园现有医疗器械及医药企业 30 多家，年产值约 20 亿元，尤其在影像、诊疗设备领域领跑全国。

光明现代生物产业园依托迈瑞医疗、楼村医疗器械产业园，聚集了葛兰素史克、海王集团、康素生物、雷杜公司、卫武光明为代表的产业集群。

（4）深圳成为医疗器械产业重镇

深圳是我国高科技医疗器械产业的发源地，其产值和出口额在国内大中城市中位居前列，涌现出迈瑞、理邦、尚荣、开立、先健、普门等一批龙头企业。2018 年，深圳市医疗器械产业生产总值为 416.44 亿元，较 2017 年增长 13.98%。

医疗器械产业是深圳的优势产业。2018 年 12 月，深圳市发展和改革委员会起草《关于促进深圳市药品和医疗器械产业发展的若干措施（征求意见稿）》，广泛征求公众意见，旨在提升深圳药品和医疗器械创新研发能力。在深圳市政府的引导和推动下，深圳医疗器械产业走在全国前列。

据深圳市市场和质量监督管理委员会统计数据显示，截至 2018 年 12 月底，全市共有取得一类医疗器械产品生产备案的企业 220 家及二、三类医疗器械生产许可证的企业 815 家，企业共有一类产品备案 1650 个，二类产品注册证 3326 个，三类产品注册证 627 个。

从 2018 年的出口产品单品看，监护仪出口占全国出口量的 68.68%；高端设备中的核磁、彩超出口量分别占全国出口量的 46.96%、46.01%；假牙出口量占全国出口量的 62.87%。此外，内窥镜产品出口量虽然占比仅为 13.15%，但同比增速提高 48.39%，增速最快。[①]

① 深圳市健康产业发展促进会、深圳市保健协会编：《深圳健康产业发展报告 2018》，北京：中国经济出版社，2020 年，第 125 页。

第三章

战略性新兴产业
领跑未来

SHENZHEN
XIANXING SHIFAN
CONGSHU

深圳先行示范丛书

SHENZHEN

XIANXING

SHIFAN

CONGSHU

2019 年 8 月，中央支持深圳建设中国特色社会主义先行示范区，明确支持深圳建设 5G、人工智能、网络空间科学与技术、生命信息与生物医药实验室等重大创新载体，探索建设国际科技信息中心和全新机制的医学科学院。

其实，深圳早在十多年前就已经开始规划了。在 2009 年，深圳先后出台生物、互联网、新能源、新材料、文化创意、新一代信息技术、节能环保七大战略性新兴产业规划及配套政策，不断培育和催生新兴业态；并于 2013 年出台了《深圳未来产业发展政策》，提前布局生命健康、海洋、航空航天等未来产业，实施创新驱动发展战略，加快转变经济发展方式，主动淘汰和转型低端落后产业，实现结构性改革的超前引领。

2018 年年底，深圳市政府印发了《深圳市关于进一步加快发展战略性新兴产业的实施方案》（以下简称《实施方案》）和《深圳市战略性新兴产业发展专项资金扶持政策》，规划出未来 5—7 年深圳市战略性新兴产业的发展蓝图。7 个产业、15 个重点领域、37 个重点片区，结合专项资金扶持，深圳正加快打造具有国际竞争力的万亿级和千亿级产业集群。

《实施方案》提出 7 个产业、15 个重点领域的创新任务。涉及新一代信息技术产业下的集成电路、人工智能、5G 通信、新型显示、物联网、智能网联汽车、柔性电子 7 个领域；高端装备制造产业下的智能装备、增材制造 2 个领域；绿色低碳产业下的节能环保、氢燃料电池 2 个领域；生物医药产业下的精准医疗领域；数字经济产业下的金融科技领域；新材料产业下的石墨烯、微纳米材料与器件 2 个领域。包括以建设全球海洋经济发展高地为目标的海洋经济产业。

《实施方案》秉承科技支撑、重点突破、统筹布局、引领发展四个基本原则，定下三步发展目标。其中，2020 年和 2025 年为两大节点，指向战略性新兴产业科创软硬件的完善，重大科技产业发展项目的实施，千亿、万亿级产业集群的打造和领军人才队伍的建设。第三个目标是持续突破一批颠覆性技术，让深圳成为全球重要的新兴科技与产业创新发展策源地。

深圳市政府出台的一系列产业政策，为深圳的未来发展规划了美好的前景。本章重点介绍未来 20 年中能够主导我国经济和社会发展的五大关键战略性新兴产业，包括人工智能、机器人、生命健康、物联网和新材料。之所以选择这五大产业不仅因为它们自身的重要性，各自拥有数百亿元以上的产值空间，而且它们也是经济全球化的代表，彼此之间密不可分。比如，人工智能与其他产业紧密融合，可以赋能其他产业，具有溢出性很强的"头雁"效应；新材料是五大产业的基础；随着生物技术（BT）和信息技术（IT）逐渐融合，生命健康产业也需要借助大数据、云计算等新技术，与人工智能和云计算技术密不可分。显而易见，未来将是一个多元技术、多种学科交叉融合的形态。

1. 深圳布局人工智能释放 "头雁" 效应

　　人工智能是新一轮产业变革的核心驱动力，将进一步释放历次科技革命和产业变革积蓄的巨大能量，并创造新的强大引擎，重构生产、分配、交换 / 消费等经济活动的各个环节，响应从宏观到微观各个领域的智能化需求，催生出新技术、新业态和新模式。从全球范围看，世界上 20 多个国家和地区纷纷于 2019 年将人工智能列为优先发展的国家战略，在政策及资源上给予前所未有的关注与重视。国际商业机器公司（IBM）、微软、华为、腾讯、阿里巴巴、三星等科技巨头，都将在各自领域形成战略性部署。

　　人工智能是引领这一轮科技革命和产业变革的战略性技术，具有溢出性很强的 "头雁" 效应。加快发展新一代人工智能是我们赢得全球科技竞争主动权的重要战略抓手，是推动我国科技跨越发展、产业优化升级、生产力整体跃升的重要战略步骤。

　　人工智能是创新驱动和推动高质量发展的关键领域之一，深圳在创新创业方面全国领先，在人工智能领域积极布局。背靠制造业、服务业发达的珠三角地区，其投融资活动十分活跃，促进了人工智能产业迅猛发展。作为深圳主导产业的高新技术产业，为人工智能产业提供了包括计算机视觉、智能语音技术、自然语言处理等在内的技术层支持，以及包括计算硬件、传感硬件、云计算服务等在内的基础层支持。在人工智能企业数量方面，深圳排名全国第三，占比为 12.2%[①]。

　　深圳市人工智能行业协会编撰的《2019 人工智能产业发展白皮书》显示，深圳人工智能（AI）技术应用主要集中在应用层的消费终端、智能家

[①]　以上数据源自前瞻产业研究院发布的《中国人工智能行业市场前瞻与投资战略规划分析报告》。

居、智慧医疗、自动驾驶、增强现实 / 虚拟现实（AR/VR）等领域，技术层只在计算机视觉、语音识别等局部领域有所突破。深圳市工业机器人研究方面的动力系统、控制系统、人机界面等技术全国领先，已初步形成零部件、本体、系统集成全产业链，并成功应用于信息家电（3C）行业、海洋装备、汽车等领域，规模不断扩大。深圳市在运用人像识别、图像识别等计算机视觉技术进行视频监控与智能分析方面有一定优势，已在人工智能安防领域进行实际运用；语音识别技术较为成熟，已经有聊天机器人、智能语音导航等实际应用。

深圳的人工智能企业侧重在应用层和技术层布局。2018 年深圳人工智能百强企业中，应用层人工智能企业占比最高，为 69%；算法层企业居第二位，占比为 19%；基础层企业占比最少，仅为 12%[①]。从人工智能企业核心技术分布看，以大数据 / 云计算、机器学习和个性化推荐为核心技术的企业占比最高。

深圳人工智能产业已具雏形，智能化应用场景丰富多样，终端消费品供给旺盛。深圳人工智能领域代表性的公司有商汤科技、云天励飞、腾讯、码隆科技、矽赫科技、图麟信息、声联网科技等。

为了推动深圳人工智能产业的快速发展，抢占战略性新兴产业的制高点，2019 年 5 月 10 日，深圳市政府发布了《深圳市新一代人工智能发展行动计划（2019—2023 年）》(以下简称《行动计划》)，2020 年和 2023 年分阶段提出发展目标，构建全国领先的人工智能技术创新体系，推动新一代人工智能与实体经济深度融合，将深圳发展成我国人工智能技术创新策源地和全球领先的人工智能产业高地，释放人工智能的"头雁"效应。

---

① 以上数据分析均来自前瞻产业研究院发布的《中国人工智能行业市场前瞻与投资战略规划分析报告》。

《行动计划》结合深圳市在人工智能理论研究、关键技术、支撑产品、行业应用、基础设施、人才培养、规范体系、空间布局等方面的现状，通过进一步强化优势、补齐短板，全方位提升人工智能领域的创新能力、服务能力，为经济社会发展提供有力支撑。《行动计划》提出，到 2020 年，新建 10 家以上创新载体，组织实施 20 个以上重大科技产业发展项目，引进培育 3—5 个国际顶级人工智能团队、5—10 家技术引领型研究机构，培育 10 家细分领域龙头企业，人工智能核心产业规模突破 100 亿元，带动相关产业规模达到 3000 亿元；到 2023 年，建成 20 家以上创新载体，培育 20 家以上技术创新能力处于国内领先水平的龙头企业，打造 10 个重点产业集群，人工智能核心产业规模突破 300 亿元，带动相关产业规模达到 6000 亿元。

值得关注的是，我国人工智能产业结构存在"头重脚轻"的现象，产业链布局侧重应用层和技术层，专注于基础层研究和开发的企业较少，深圳在基础层方面的研究也明显偏弱。基础理论和核心关键技术是发展新一代人工智能的基础，因此，《行动计划》提出强化前沿基础研究，推进核心关键技术攻关。同时，鼓励高等院校、科研院所与企业合作建设一批人工智能技术创新平台，在人工智能产业链、创新链、价值链的关键核心领域开展创新项目合作，推动创新成果转化。

"AI＋市民生活""AI＋产业经济""AI＋智慧城市"……人工智能应用场景十分丰富，《行动计划》进一步拓展人工智能在医疗、家居、教育、零售等民生领域和政务、交通、安防等社会治理领域的应用，与实体经济融合发展。比如，汇聚城市公共管理、交通管理、运营商和互联网等数据，实现智能化交通疏导和综合运行协调指挥等功能；开展智能教育试点示范学校建设，开展机器人编程与应用、机器视觉开发、数据挖掘等课程的精准教学；支持发展以货物自动盘点、商品识别、自动结算等技术应用为核心的无人门店解决方案，推进无人门店加速布局；推动医疗影像辅助诊断系统、智能诊疗系统、智能健康管理等产品化及临床辅助应用。

当前，人工智能发展仍然处在早期阶段，拥有非常巨大的发展空间，在产业升级、产品开发、服务创新等方面具有很强的技术优势。粤港澳大湾区有城市群的整体性优势，十分有利于发展人工智能产业，深圳瞄准了这一巨大的产业，提前规划布局，培育新的经济增长点，形成新的动能，以人工智能技术推动各产业的深度变革。

【案例链接1】

智能光电科技成鹏城"黑马"

深圳市矽赫科技有限公司（以下简称"矽赫科技"）是一家致力于提供全球领先的智能光电感知产品和服务的创新技术企业。矽赫团队囊括美国、新加坡等国家和地区的前沿光电和人工智能领域专家。核心成员均毕业于海内外著名院校，多人曾任职于美国前沿科技研究机构及谷歌（Google）、京东等世界知名企业。企业总部位于深圳，在南山区设立研发与运营中心。

矽赫科技科研团队长期从事太赫兹技术、激光传感、AI引擎智能边缘计算、全息提取、深度神经网络、多维度监测、超高频半导体材料、断层成像等前沿技术领域的研发，已掌握多项关键技术，国内外申请专利超过80项。另外，团队获得多所高校、科研机构、世界500强企业颁发的科研奖项共26个，核心成员受邀参与重要国际学术会议并做主题报告25场，累计发表国际论文62篇。

2020年，突如其来的新冠肺炎疫情席卷了全球，威胁着各国的公共卫生安全。面对来势汹汹的疫情，我国医护人员、科学研究人员、政府工作人员、社区工作人员、志愿者等人群站在抗击疫情的前线，给国人带来新希望。

2020年2月下旬，深圳市留学生创业园在大厦入口处设置"安检门"，复工企业的员工可以迅速完成体温的筛查。这台"安检门"就是矽赫科技研制的太赫兹安防产品。通过搭载无触感 AI 红外实时人体测温系统，凭借直观、无接触、24 小时持续工作的优势，助力企业应对复工潮下的疫情防控。

矽赫科技成立才两年时间，就被评为"2019 年中国留学人员最具成长性企业"。它是如何在深圳这块创业沃土上生根发芽的？矽赫科技首席执行官（CEO）洪鹏达博士介绍，人工智能创业者在深圳不仅可以享受产业链高效配合之便利，而且能感受到资本追逐硬核科技的巨大热情，在各种创新创业环境的支持下，创业者距离梦想自然就越来越近。

矽赫科技助力企业复工复产

随着复工复产潮的到来，深圳各家企业陆续复工。根据企业复工复产要求，深圳市留学生创业园每日对所有进入大厦的人员开展体温检测。对于近 200 家企业、机构，超过 2000 名人员，如何快速检测，避免人流聚集，这是实现大面积复工需要解决的首要难题。

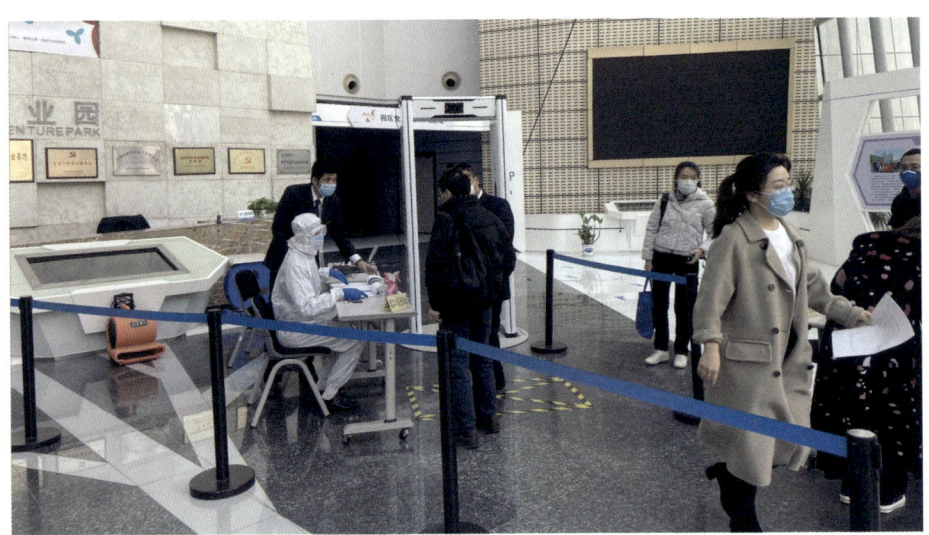

图 3-1　矽赫科技的太赫兹无触感 AI 测温系统可应用于疫情防控

太赫兹无触感测温系统不仅兼具太赫兹安防系列的优点，还有直观、无接触、24 小时持续工作的优势。只要正常通行，设备即对被测人员进行捕捉测温，一旦发现异常发热人员，将自动示警。太赫兹无触感测温系统的产品功能多样，还具有实时人体安检和人脸识别等功能，能帮助工作人员快速定位发热目标人员，提高人群体温异常筛查效率，并通过追踪行动轨迹，快速寻找密切接触群体，大大降低接触性感染的风险。

太赫兹无触感测温系统的产品具有响应时间短、反应速度快、操作方便和界面直观易懂等优势。在进行快速与动态测温时，可同步存储人体实时温度与人脸信息。当温度达到异常值时进行实时记录和示警，并通过显示接口在嵌入式屏幕中显示当前测量温度值与示警信息。另外，通过网络接口可连接到控制中心，上报异常信息与人脸、时间等信息。在高密度、大流量区域部署该系列产品，能有效避免拥堵和聚集，提高通行效率，很大程度上能降低接触性传染的概率，使测温和安检更安全、更高效、更智能。矽赫科技也按照疫情防控的相关需求，推出了多款新品，通过将无触感人体筛查预警系统与智能安检门、人脸识别系统、安闸门等形式相融合，实现无触感实时测温和安检，做到防患于未然。

为了更准确地进行实时测温、数据分析和数据传输，该系列采用人工智能自主记录比对算法，可自动检测温度，并进行大数据分析，还能极大避免人体距离、测量角度、环境变化等因素造成的测温误差。太赫兹无触感测温系统的智能闸机人脸识别检测系统和太赫兹智能人脸识别测温系统，能够进行实时人脸识别，从而更加快速、高效地检出异常体温人员或携带危险物品人员，并对密切接触人员的行动轨迹进行追踪，从而及时有效地阻断疫情扩散。

在抗疫过程中，矽赫科技基于太赫兹、智能传感和 AI 技术，结合现

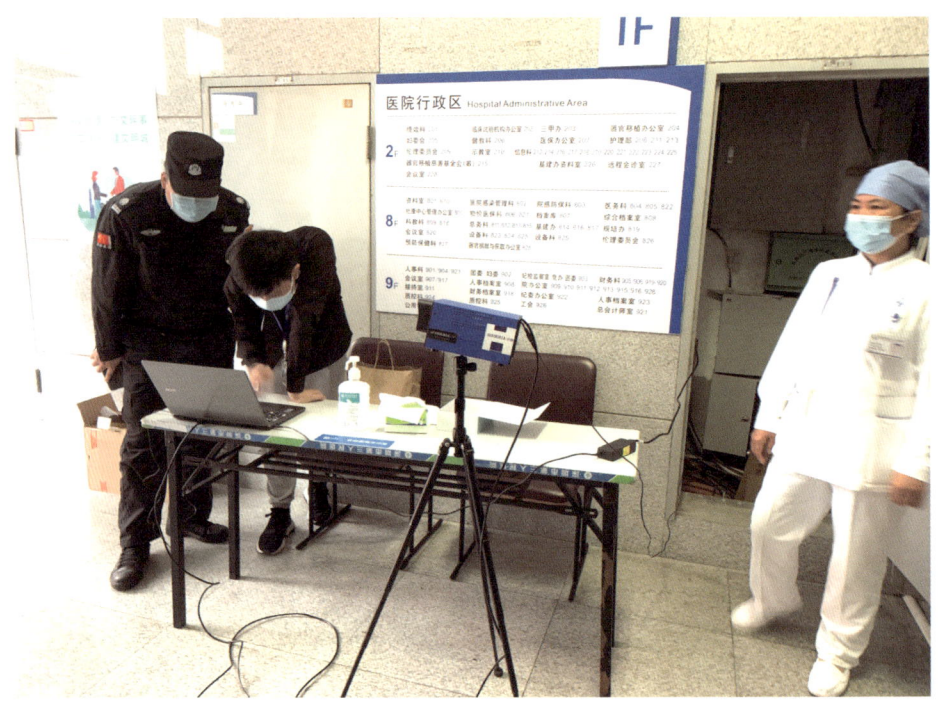

图 3-2 矽赫科技的无触感太赫兹智能人脸识别测温系统助力医院防疫

有的矽赫智能安检门与太赫兹智能安检仪，为医院、企业、园区、学校、社区、政府部门等公共场所提供了"太赫兹 + 无触感 AI 实时人体测温系统"的智能防控体温筛选方案。矽赫科技的科技抗疫实力不仅得到了市场的肯定，也得到了政府部门的高度认可。矽赫科技的太赫兹安防产品成功入选广东省工业和信息化厅数字技术产品和解决方案名单以及《深圳中小科技企业抗疫产品供应名录》，核准通过深圳市政府采购中心关于《大型体温检测设备供应商》名单，入选中国电子学会关于《人工智能技术支撑服务复工复产应用案例推荐目录》。矽赫科技战疫案例被编入由腾讯新闻原子智库出品的首部《企业战疫责任力调研报告》。

太赫兹引领安检行业升级

早在 2017 年创业之初，矽赫科技 CEO 洪鹏达博士就把目光放在太赫兹技术上。被评为"改变未来世界的十大技术"之一的太赫兹波是一种特别的电磁波，是电磁波中最后一个未被人类充分认识的波段，具有低能性、宽带性、穿透性、瞬态性等技术特点。由于太赫兹源和探测器研发技术门槛很高，这一波段又被称为"太赫兹鸿沟"。自太赫兹被正式命名以来，世界各大经济体纷纷将太赫兹技术的发展置于重要的战略地位。它的市场应用潜力巨大，在通信（宽带通信）、雷达、电子对抗、电磁国防、安全检查等众多领域，凸显了重大的科学价值和应用前景。

洪鹏达博士在美国从事太赫兹技术的研究时，深刻感受到它的重要性和前瞻性，也了解到国内在太赫兹技术上研究和应用的差距。抱着在国内推动太赫兹技术研发和市场应用的初心，洪鹏达下定决心回国创业。但如何将太赫兹技术的应用成功落地，也成为洪鹏达需要考虑和决定的重点。与光电同行进行沟通交流与调研后，洪鹏达决定从太赫兹安防设备这一领域着手。

目前，太赫兹应用技术研究的主要方向有太赫兹波谱技术、太

图 3-3　洪鹏达博士

赫兹成像技术、太赫兹通信技术、太赫兹国防应用等。其中，太赫兹安检成像技术是十分重要的应用方向，它弥补了金属探测器无法对非金属危险品做出检测的缺陷，弥补了红外成像技术无法穿透衣物探测到隐匿物品的缺点。

与目前安检领域常用的光学、X 射线系统和红外成像技术相比，太赫兹安检成像技术具有几大优势：首先，不管是主动式还是被动式检测，太赫兹安检仪对所有人员都十分安全，不会在人体内产生有害的电离或电磁辐射。其次，太赫兹安检仪具有强大的物品探知能力，不仅可以探测到金属物质，还可以探测到诸如陶瓷刀具、毒品、液态炸药等非金属危险物质。再次，太赫兹扫描速度极快，人均完成安检只需约 1 秒，是传统安检仪效率的 5 倍。最后，太赫兹安检仪利用非接触式检查的方式，可充分保护被检测人员的个人隐私。

在国外，欧美地区的太赫兹安检市场已较为成熟，应用也较为广泛。

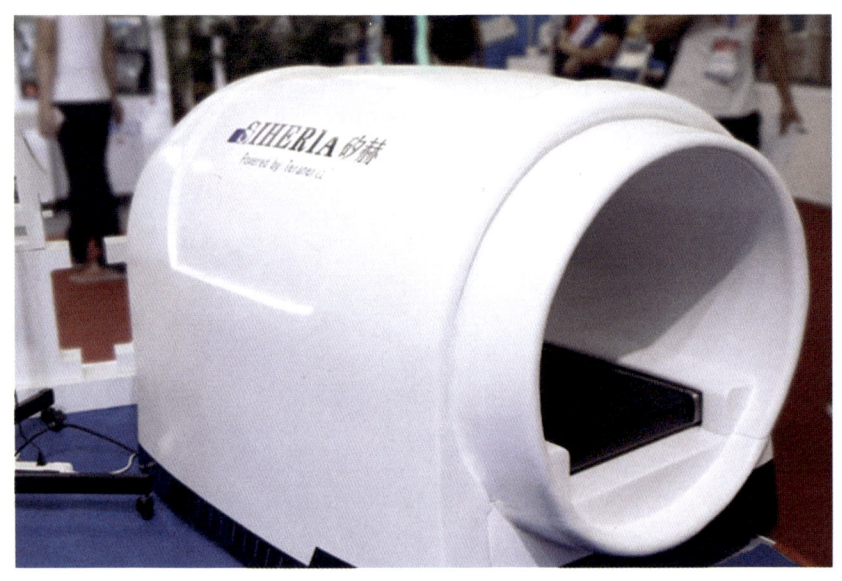

图 3-4　矽赫科技的安防产品

我国自太赫兹安检设备诞生以来，相关技术已经位居太赫兹安检仪的发展前沿，成为太赫兹安检技术商业化的国家。面对我国庞大的安检设备应用市场，太赫兹安检仪及相关设备市场前景明朗。随着我国高铁、飞机和城市轨道交通的飞速发展，将会在国内安检市场形成巨大的需求，势必会引领国内安检产业走向产业升级，形成更加安全、更加完善的安检产业链。

通过融合太赫兹技术和多项前沿技术，矽赫科技推出了太赫兹安检仪和太赫兹安检门两项前沿产品，不仅能快速、无伤害检测被测物体或人员，实时成像，还能进行即时灯光、画面示警，协助工作人员及时发现异常信息。此外，由于采用了人工智能、云传输、云存储等前沿技术，太赫兹安检仪和太赫兹安检门可发挥无人值守功能。检测时，数据可进行同步传输，工作人员可远程接收到实时成像画面和灯光、画面示警，这也是矽赫科技太赫兹产品的优势之一。

除了安检领域，矽赫科技的太赫兹安检仪还可应用于智能物流领域。太赫兹安检仪无需开箱，就可以对商品进行全面的检测，不仅能实现产品全检后入库，还能快速检出瑕疵品或异常商品的存在，从而降低客户投诉的可能性，提高客户满意度。

智能雷达为未来城市打造智慧之眼

智慧城市是城市未来发展的重要方向，对科研技术实力和工业水平的发展提出了极高的要求。无论是智能家居，还是智能安防、工业机器人等，都包含了感知定位、决策与规划和精准执行三大核心关键点。而激光雷达作为数据采集的重要入口和感知定位技术的重要应用之一，在智慧城市的发展中起着举足轻重的作用。激光雷达的应用领域十分广泛，不仅可以应用于无人驾驶汽车、自动导航机器人、无人机、工业机器人、智能家居等领域，还可用于环保、气象、生态、农业、海洋、测绘等领域。因此，对激光雷达的研究与应用也成为当前光电市场上的热点。

　　以智慧交通和智慧物流这两个备受关注的领域为例，固态激光雷达能为其提供强大的技术支持。自动驾驶和智能出行作为智慧交通的两个核心应用，可利用固态激光雷达对周围环境进行信息采集，实现更精确的环境感知，不仅能辅助自动驾驶汽车做出高性能、高可靠性的自动化决策，还能高效处理道路交通问题，减少意外的发生，让出行更安全、更便捷。而对于智慧物流领域，物流系统的智能化是实现智慧物流的必经之路，仓储

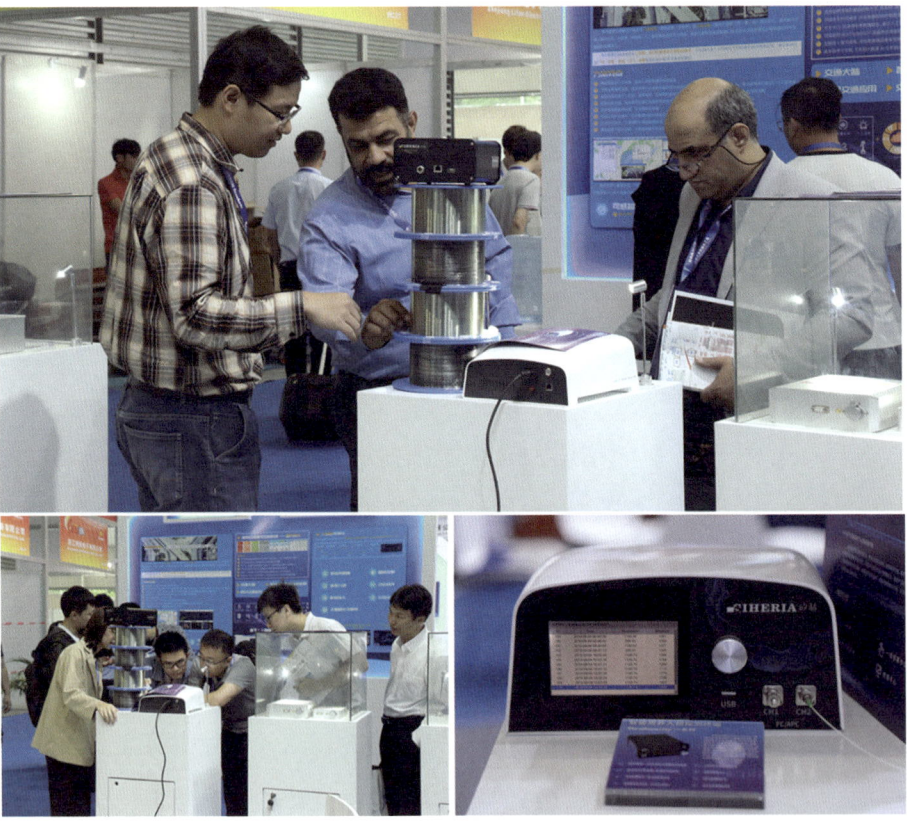

图 3-5　海内外行业买家对矽赫科技"智能周界入侵探测终端"兴趣浓厚

物流利用自动引导搬运车（AGV）、分拣机器人等智能产品，大幅节约了人工劳动成本，提高了仓储物流效率。在这些场景应用中，激光雷达担负着监测路口和避免碰撞障碍物的重任。

通过对激光雷达相关技术的研究，矽赫科技推出了包含闪光（Flash）雷达、微电机系统（MEMS）雷达和飞行时间（ToF）雷达的激光传感系列。针对不同的应用场景布局相适应的激光雷达，并搭载配套的人工智能系统，矽赫科技的 Flash 雷达瞄准了工业检测、车载、机器人、无人机、地图测绘、辅助驾驶系统（ADAS）等应用领域；而 ToF 雷达则聚焦AGV、无人机、智慧物流和工业机器人等多个应用场景。通过 Flash 雷达的精准感知，让各应用产品能更好地实现自动化、智能化，引领城市快速发展。在后疫情时代，矽赫科技的固态雷达也将为无接触化社会行为提供智能传感数据采集端。

人工智能在光电行业的应用与技术融合，将进一步提升光电行业的效能。作为一家智能光电企业，矽赫科技以科技之力推进智慧城市的发展，助力打造更加安全的汽车驾驶体验、更智能的工业检测与环境监控，以及更优质的人体医学检测模式。

跨界融合创新，引领智慧安防

在移动互联网、大数据、超级计算、传感网、脑科学等新理论、新技术的驱动下，人工智能产业加速发展，呈现出深度学习、跨界融合、人机协同、群智开放、自主操控等新特点，并对经济发展、社会进步、国际政治经济格局等方面产生重大而深远的影响。加快发展新一代人工智能技术，是我们赢得全球科技竞争主动权的重要战略抓手，是推动我国科技跨越发展、产业优化升级、生产力整体跃升的重要战略资源。

那么，如何发挥人工智能的"头雁"效应？人工智能"新基建"又将在何处发力？

作为人工智能产业的新秀，矽赫科技给出的答案是跨界融合创新，赋能传统产业，使之产生指数级增长。传统安防系统对人员依赖性大，并有人力所不及之处。人工智能、大数据等前沿技术的不断发展，能大大降低潜在危险系数，推动城市安防从"事后控制"向"事前控制"的转变。矽赫科技智慧安防采用智能探测、人工智能、云计算、云存储等技术，以自动化、网络化、智能化为目标，助力构建安全、智能、便捷的智慧城市体系。

图 3-6 2020 年，国际消费类电子产品展览会上的矽赫科技展位

智慧安防市场日益增长，产品应用的广度和深度都得到了扩展，矽赫科技的产品设计也更加贴近人们的需求。智慧安防仍处于较早的应用阶段，海量安防数据的处理、非公共场所的安防数据、城市各安防场景的联通等问题都还没有一个较为完善的处理方式。矽赫科技深度挖掘行业和客户需求，为早期的智慧安防贡献自己的技术力量。

洪鹏达博士介绍，人工智能技术的高速发展极大地扩展了安防领域的外延，让现有的安防解决方案更加智能化，为未来的城市智慧安防系统建设提供宝贵的数据支持和参考样本。矽赫科技研制的"智能周界入侵探测终端"是智慧城市安防的重要产品，在博物馆、社区等重要处所有广阔的应用空间。通过和门禁系统的联动，可将门禁、监控和示警系统融为一体，在识别、追踪、定位等方面提供强有力的技术支持，实时进行入侵警报并获取目标的具体信息，为智慧城市提供更强大的安保力量，让未来的生活更加安全、高效。

通过跨界融合创新，矽赫科技研制出"智能周界入侵探测终端"，不仅能够探测切割、攀爬、拉抬等入侵行为，有效实现多入侵点的同时精确定位，还具有超长防区和极高精度两大亮点，能大大降低示警系统的误报率，满足未来安防监控场景对 3D 感知的需求。通过搭载矽赫智能云平台，还能实现跨平台数据同步。

矽赫科技围绕智能光电感知建立了以太赫兹技术、激光传感、人工智能等为核心的产销研一体化经营体系，并在智能光电这一尖端科技领域占据一席之地。

我国人工智能"新基建"存在巨大的发展前景，数字化作为驱动创新、拉动经济增长的新动力，可以通过获取、分析和应用信息的能力赋能其他产业，人工智能就是推动数字化进程的重要底层技术。矽赫科技这样的跨界创新企业利用人工智能技术破解民生需求，通过赋能传统产业将爆发出更大规模的成长潜力。

2. 深圳机器人产业向高端进发

"深圳机器人技术可谓一日千里。"电气和电子工程师协会（IEEE）前主席霍华德·马克尔在第五届中国电子信息博览会的论坛上曾如此评价。他 20 多年前初到深圳时，看到这里的机器人和人工智能技术还非常稚嫩，施展拳脚的空间也非常有限。如今，深圳的技术创新总在突破他的想象。

深圳作为全国创新高地，现已发展成全国机器人产业链最为完整的城市。目前，深圳机器人产业已步入高速发展的快车道，在人工智能技术的推动下，深圳机器人的智能化水平大大提升，大疆、优必选等一批本土机器人企业正在强势崛起，凭借过硬的技术创新走向世界。

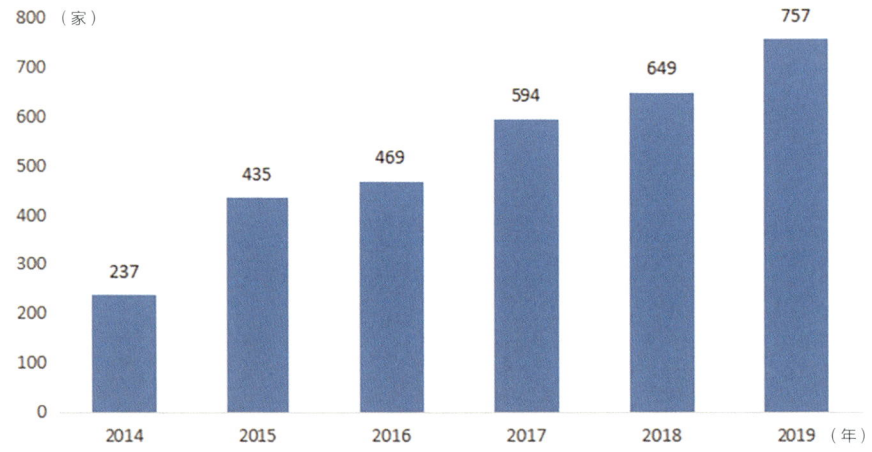

图 3-7　2014—2019 年，深圳机器人产业企业数量

近年来，深圳市机器人产业规模愈加庞大，2017 年总产值突破千亿元。《深圳机器人产业发展白皮书（2019 年）》（以下简称《白皮书》）数据显示，2019 年深圳市机器人产业企业总数量达到 757 家，相比 2018 年的 649 家同比增长 16.64%，深圳市机器人产业企业数量呈较大幅度增加。2019 年深圳市机器人产业总产值为 1257 亿元，相比 2018 年深圳市机器人产业总产值 1178 亿元同比增长 6.71%，仍然增长稳健。

从深圳市工业机器人企业分布的区域看，此类企业主要聚集在宝安区，其次是南山区、龙华区和龙岗区。宝安区主要集中了智能制造部分，南山区主要集中了研发和服务部分。这一空间分布与工业机器人产业的集聚效应，与目标行业依存度高、对人才技术要求高等产业特点基本一致。

深圳先进院院长助理、深圳市机器人协会秘书长毕亚雷介绍，深圳各具特色的机器人企业蓬勃发展，在工业机器人领域规模化优势明显，应用领域工艺要求更高，2019 年深圳市工业机器人产值为 822 亿元，占深圳市机器人产业总产值的 65%；非工业机器人总产值为 435 亿元，占深圳市机器人产业总产值的 35%，非工业机器人产值平均增速高于工业机器人的增速，从 2014 年的 14% 不断提升至 2019 年的 35%。在非工业机器人领域，商用服务机器人产值增长较快，占非工业机器人总产值一半以上；物流机器人呈现爆发式增长，后续发展空间较大。

《白皮书》显示，深圳在上游的控制器、伺服电机、减速器三大核心零部件，中游的机器人本体和下游的系统集成皆有布局，形成了较为完备的产业链，涌现出细分领域的一批龙头企业。在机器人控制器、伺服系统领域，固高科技是国内机器人控制器领域的龙头企业，汇川技术是国内机器人伺服系统领域的龙头企业，整体优势较为突出；在机器人本体领域，深圳拥有众为兴、大族机器人、华数机器人、汇川技术、华盛控等知名企业，其中众为兴 SCARA 机器人连续 3 年出货量位居国产品牌首位。

　　值得一提的是，深圳市机器人产业发展得益于深圳市对机器人产业的大力扶持和培育。《深圳市机器人、可穿戴设备和智能装备产业发展规划（2014—2020 年）》中提出了"强化自主创新能力""提升产业发展水平""促进产业高端集聚""拓展现代制造服务""优化产业生态环境"五大主要任务。其中，强调培育一批技术引领型国际知名企业和研究机构，在机器人、可穿戴设备、智能装备关键零部件制造、人机协作、系统集成等关键共性技术上实现快速突破，取得一批自主知识产权。自 2014 年起至 2020 年，深圳市财政每年都安排 5 亿元用于设立机器人、可穿戴设备和智能装备产业发展专项资金。

　　2019 年 2 月出台的《粤港澳大湾区发展规划纲要》中明确指出："加快制造业结构调整。推动制造业智能化发展，以机器人及其关键零部件、高速高精加工装备和智能成套装备为重点，大力发展智能制造装备和产品，培育一批具有系统集成能力、智能装备开发能力和关键部件研发生产能力的智能制造骨干企业。"可见，深圳市新的战略定位给予智能化新兴产业极大的发展机遇，推动产业向全球产业链、价值链高端跃升，引领深圳机器人产业走向高质量发展之路。

　　深圳市政府十分注重产业环境的培育，积极推动产学研协同、大中小企业融合创新的格局，致力于构建"基础研究 + 技术攻关 + 成果产业化 + 科技金融"的全过程创新生态链。作为新型科研机构，2019 年，深圳先进院与商汤科技、墨子人工智能、华为等企业，围绕未来视觉技术、人工智能、云智能等前沿创新领域分别成立了联合实验室。深圳先进院与商汤科技共同成立未来视觉技术联合实验室，双方围绕复杂视觉信息的深度分析与理解方法，结合其他 AI 前沿技术研究、新产品开发、技术平台建设展开深入合作。此次合作不仅大力推动技术与应用的相互转化，而且使该联合实验室成为视觉技术领域的高端人才培养阵地，为产学研模式创新开辟了新的思路。

关于未来发展，《白皮书》指出，深圳市机器人产业发展面临四大趋势：一是贸易环境为本土品牌带来更多进口替代机遇，产业链的核心环节自主化程度较高；二是产业链支持机器人更快进入细分市场；三是集群培育和带动机器人产业整体进入 5G 时代；四是"新基建"加速人工智能等相关技术赋能，重点建设的 5G、工业互联网、人工智能等领域，都将为机器人产业的发展带来技术支持。

机器人产业的繁荣将为我们的社会带来诸多益处，未来深圳机器人产业将继续加强产学研的深入交流与合作，这是推动机器人产业做大做强的有效途径。

图 3-8　2019 年，第二十一届"高交会"上的矽赫展位

【**案例链接2**】

用匠心铸就民族企业的金字招牌

深圳市今天国际物流技术股份有限公司（以下简称"今天国际"）致力于将最前沿的机器人技术和软件技术集成应用于工业生产中，为客户提供智慧物流和智能制造的系统解决方案，助力实现中国制造的智能化转型升级。

2000年，今天国际在深圳成立，2016年在创业板上市。今天国际下设5家子公司，分别为深圳市今天国际软件技术有限公司、深圳市今天国际智能机器人有限公司、北京今天华讯智能技术有限公司、上海今天华峰智能系统有限公司、香港今天国际物流科技有限公司，并在香港、北京、上海、合肥、昆明等多个城市设立分支机构及区域技术服务中心。

作为专业的智能制造和智慧物流系统提供商，今天国际不仅为企业提供智能生产解决方案、智能仓储解决方案、智能配送解决方案、智能物流信息化解决方案，还以规划与集成、智能设备、电气控制、智能软件、工业机器人等技术充任企业的技术支撑，实现资源优化配置和数据互联互通。

2016年，今天国际成立机器人全资子公司，即深圳市今天国际智能机器人有限公司。加大智能设备研发力度，开展AGV技术、智能拣选机器人技术、3C检测机器人技术的研发。2018年以来，逐步丰富了AGV、堆垛机、机器人等系列产品，陆续推出了夹抱式AGV、新型潜伏式AGV、新能源软包电芯拣选机器人等一系列新产品，受到市场的广泛认可。

工业 4.0 时代，智能制造互联网经济高速发展，采购、生产、流通、配送流程逐渐进入自动化、智能化、信息化阶段。旺盛的市场需求推动智能制造的民族企业蓬勃发展。

道道全粮油岳阳有限公司（以下简称"道道全"）是国内一家大型油脂加工企业。2017 年，道道全与今天国际合作，在粮油行业内率先启动全产业链智能化生产和云端信息化管理体系。今天国际设立了岳阳临港新区粮油加工仓储智慧物流综合项目，满足其粮油生产、存储及配送的智能化需求和精细化管理。该智慧物流系统前端与粮油生产线衔接，辅料区包装材料会根据生产线实时情况，通过计算机系统自动调度，将包装材料运送至指定生产线，帮助企业实现精益生产。粮油灌装后，由机器人装箱、码垛、打带后，自动送至各入库口。最后，由堆垛机从入库口又取货物并送入立体库指定货位。入库前，系统通过条形码对产品进行全自动检验和核对，确保入库产品和信息的准确性。整个生产过程中，计算机系统会记录每件产品的信息，保证产品可追溯。

"像道道全这样，采用我们的技术实现智慧生产的企业有数百家之多，覆盖航天、化工、物流、卫浴等多个行业。"今天国际董事长邵健伟表示，"今天国际从做代理起家，后来专注于智慧物流和智能制造行业，致力于将最前沿的机器人技术和软件技术集成应用到工业生产中，用匠心铸就民族企业的金字招牌。经过 20 年的发展，成为细分领域的龙头企业。"

代理起家转战自主创新

2000 年，邵健伟在深圳市罗湖区创立了今天国际，主要业务就是代理国外知名品牌的自动化设备和工业机器人。

　　"当时，国内机器人业务还处于起步阶段，德国、日本等发达国家的工业机器人技术十分先进，为了满足国内企业自动化生产的需要，我们把日本大福等品牌的机器人和自动化物流系统引进到中国市场。"邵健伟介绍，"刚开始几年，我们的代理生意十分红火，只要把外国自动化设备安装到国内工厂里，然后培训一下国内工人学习操作就可以了。"

　　在做代理业务的时候，邵健伟对国内的智能生产、智慧物流的现状，以及工业机器人产业有了更透彻的认识，也了解到国内客户对基础应用的需求。虽然客户对外企的售后服务多有抱怨，比如零部件昂贵、维修不及时、交互界面不够人性化等，但作为代理商的邵健伟无法替客户解决更多的实际问题，心里早早埋下了要做民族品牌的种子。

　　2004年，安徽芜湖卷烟厂要上自动化物流系统。邵健伟提出，借助这个项目的契机自主研发控制系统。因为如果单纯引进日本知名品牌的设

图 3-9　今天国际邵健伟董事长

备，连说明书和交互界面都是全日文，而自主开发控制系统能大幅降低日后维护成本。他对芜湖卷烟厂反复解释，并且聘请台湾自动化工程专家现场指导，终于研发出了今天国际品牌的第一条烟草输送物流系统，生产效果获业界高度评价。随后，厦门卷烟厂、深圳卷烟厂、陕西中烟工业有限责任公司、安徽中烟工业有限责任公司蚌埠卷烟厂等纷纷成为今天国际的客户。

　　自此，今天国际与国外优秀的工业机器人企业开展深入合作，引进、学习先进的自动化技术，不断进行技术积累和应用实践。还积极引进人才，加强与外部科研单位的合作，提升整体创新能力，组建了一支专业的机器人研发团队，成立机器人子公司不断进行产品的自主研发和创新……

自主创新与集成创新并行

　　为满足智能仓储的需求，今天国际研发了堆垛机、仓库管理系统、物流管理系统；为满足智能搬运输送的需求，今天国际研发了AGV、RGV（有轨穿梭小车）；为满足智能分拣的需求，今天国际研发了巡拣机器人、坐标型机器人；为满足智慧生产的需要，今天国际研发了工业互联网云平台、物流综合管控系统、数字孪生管控系统、信息安全系统、智能系统等产品。多元化的智能产品能帮助客户对物料的存储、搬运、输送、分拣、配送等环节实现智能化作业和信息化管理，为企业生产运行、管理、控制提供实时支持。

　　让邵健伟倍感自豪的是，今天国际基于系统集成的概念将多种先进技术融合于设备研发中，让原本单一的工业机器人和自动化设备变得更灵活、更柔性，能适应我国多元化的生产作业需求，实现智能设备的本土化。与企业的自动化生产系统实现无缝集成、无缝连接，广泛应用于众多行业和领域。

深圳市龙岗区宝龙工业园的展厅里陈列着今天国际研发的不同功能、形态各异的自动化设备和工业机器人。目前，能够基本实现设计标准化、生产模块化和运维智能化，构筑标准体系，打好创新牌。

邵健伟介绍道："我们的核心设备区别于国外的系列产品，创新性地充分发挥自身的集成优势，通过融合多种先进技术开发了新产品。比如巡拣机器人，就是结合机械手与 AGV 技术二次开发的产品，定位精度高，运行灵活机动。此外，我们的堆垛机不仅运行速度快、区间广、机身设计轻量化，还创新性地进行视觉、供电、通信等技术的融合，实现了自动盘点等功能，衍生出更加智能化的堆垛机产品。"

今天国际的智能生产解决方案、智能仓储解决方案以及工业机器人产

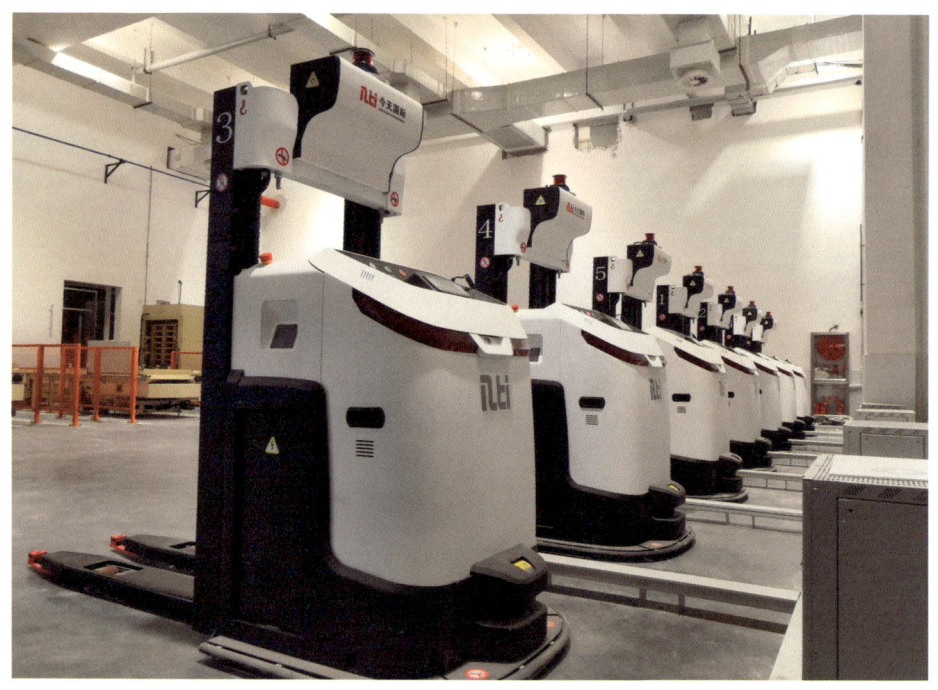

图 3-10　今天国际研发的 AGV 产品

品受到最多的好评是"实用、高效、服务及时周到"。这些赞誉的取得，离不开今天国际科研团队多年来对研发的高强度投入，也离不开深圳市和罗湖区、龙岗区政府的大力帮扶。

2015 年，今天国际承担了"自动搬运机器人产业化项目"的研发任务，获得深圳市发展和改革委员会（以下简称"市发改委"）颁发的 300 万元扶持金，"智能物流装备及软件产业化项目"获得 725 万元贷款贴息。2016 年，"高频率拣选系统研发"项目获得深圳市科技创新委员会（以下简称"市科创委"）颁发的技术攻关项目 400 万元资助金。2020 年 3 月获得深圳市罗湖区"区长质量奖"100 万元资助金。

政府的扶持为企业科技研发助力，让企业在大胆创新的道路上奋勇前行。除了各种先进的智能生产与智能仓储解决方案之外，今天国际研制的

图 3-11　今天国际技术人员检测 AGV 产品

智能移动机器人是最成熟、最受市场欢迎的工业机器人拳头产品。智能移动机器人由计算机控制，具有自主移动、自动导航、网络交互等功能，可提供原材料、半成品、零备件等货物搬运、输送和管理，实现物料自动搬运传输与订单自动处理，为生产全程提供科学合理的物流配送。今天国际又开发出激光导引叉车式 AGV、激光导引背链式 AGV、二维码导引潜伏顶升式 AGV、磁钉导引背链式 AGV、激光导引双舵轮全向 AGV 等各类产品，可满足不同生产环境的需求。

2019 年，今天国际获得了国内第一张 AGV 的全指令 CE 认证，陆续推出了夹抱式 AGV、新型潜伏式 AGV、新能源软包电芯拣选机器人等一系列新产品，市场反响热烈。

多行业受益，促进智能制造明显提速

近年来，互联网 +、大数据、5G、云计算等信息技术与传统制造业渗透融合，推动各行业向智能工厂、智能制造、智慧物流加速转型升级。新一轮的智慧变革如箭在弦上，势在必行。

中车时代电气智能制造项目是今天国际在轨道交通行业的一个典型探索，轨道交通装备事业肩负着振兴高端装备产业的使命与责任。由于配备业内一流的专业化智能物流系统，今天国际为轨道交通装备生产线及乘用车电驱动系统总装线提供了高效、敏捷的保障，推动项目高质量发展。

尤其值得关注的是，中车时代电气智能制造系统管理着庞大的库存保有单位（SKU）零部件体系，可管理物料基础数据 42 万余条，货位基础数据 16 万余个，可存储超 8 万种品类的库存物料。今天国际创新性地将箱式自动化立体仓库（Miniload）仓储系统、窄巷道叉车（VNA）仓储系统、电子标签拣选系统集成应用，融合货到人、人到货、多订单与单订单混合等多种拣选模式，按照零部件使用频率、重量、质量特性、存储环境要求等特性分区域存储，实现了零部件拣选效率的最大化，可同时满足超过 70 条生产线的供料。稳定、可靠的物流装备与智能仓储管理系统的完美结合，大大增强了仓库有效应对小批量、多品种、复杂制造业务形态下的物料出入库能力，订单周转时间大幅度降低，物料供应体系更加敏捷而高效。

项目投入使用后，仓库平均订单周转时间可低至 7 分钟以内，入库作业时间缩短 30.5%，仓库单位面积存储能力提升 95.7%，平均 SKU 的拣选时间低至 17 秒，大跨度开启了工业 4.0 对仓储物流领域的探索及应用，助推轨道交通装备制造产能的不断提升。

2019 年，一汽解放动力携手今天国际潜心打造的智能物流工程正式投入使用，开启了国产发动机厂智慧物流与智能制造深度融合的大跨越。按订单组织生产的创新模式，将构建一汽锡柴全生命周期的智能制造。该项目充分发挥 AGV 灵活搬运的优势，35 台 AGV 与 5 条生产线无缝衔接，成功实现物料供应以及 140 个工位的快速响应；为保证每个节点生产装配过程的可靠、精准，在拣选配送各环节还特别设置了零件分拣系统（SPS）、条形码识别（RFID）信息系统、视觉识别系统等，可做到步步防错，确保组装配件清单和组装顺序的精准无误，实现按需配送，保证发动机出厂的可靠性。智能物流系统工程投入使用后，生产效率显著提高了 20%，能源利用率提高了 11.5%，综合运营成本降低了 22%，产品生产周期降低了 10%，库存周转率提升 32%，物流出错率降低了 50%。

邵健伟介绍，为机器人等核心设备赋能，不仅仅是生产线的一个自动设备，更成为整个生产流程、管理流程的核心元素，帮助客户全方位提升产品价值，助力客户在转型升级的道路中行稳致远。

智能制造浪潮让企业迅速崛起

全球工业机器人市场销量占比前五的有中国、日本、韩国、美国和德国，2017 年前五名国家的产品总量占全球市场的 73%，中国市场最大，占全球市场的 36%。从销售额角度看，2018 年全球工业机器人市场规模达到 168.2 亿美元，中国工业机器人市场规模达到 62.3 亿美元，占全球市场的 37%。全球及中国工业机器人市场规模近 5 年复合增长率分别为 12.1% 和 26.7%。

在全球智能制造的浪潮下，深圳工业机器人产业迅猛发展，已经形成了包括核心零部件、本体制造、系统集成服务等环节在内的上下游产业链，部分智能制造产品（如 AGV）已经拥有较强的稳定性和实用性，开始走出国门，在北美、欧洲等地区拓展市场。

图 3-12　今天国际登陆创业板

　　凭借对物流行业的深刻理解和多年系统集成的经验，"今天国际"这一民族品牌在智能制造、智慧物流和工业机器人领域里名声越来越响亮。从系统集成服务起步，再到拥有专门研制机器人的全资子公司，如今瞄准人工智能产业，向工业互联网新技术进军。2016年，今天国际成功登陆创业板，品牌知名度和企业资信等级得到显著提升，融资渠道进一步打开，在吸引人才方面具有更多优势。

　　邵健伟透露，为了站在制高点、以更高的水平参与国际竞争，今天国际正携手德国弗朗霍夫研究院专家筹建中德人工智能技术研究院，致力于打造国际一流的人工智能技术研发、孵化、转化和产业化生态圈，助力中国新旧动能转换和产业升级发展。中德人工智能技术研究院将以资源共享、科技创新、人才培养等形式开展工作，有效推动产学研深度融合。

　　今天国际成为深圳市重点（技术型）物流企业、深圳市5G智慧物流和智能制造示范单位。"粤港澳大湾区的建设给今天国际带来了更高、更

图3-13　今天国际联手德国弗朗霍夫研究院专家筹建中德人工智能技术研究院

新的发展目标，我们要抓住新一轮科技革命和产业转型的发展机遇，加强智能装备和物联网技术的研发，加强与大湾区供应链伙伴的合作，为创新赋能，为企业加速。"邵健伟描绘着发展蓝图，"今天国际工业互联网平台是我们2019年开始倾力打造的核心建设项目，能为生产管理系统提供应用平台，帮助客户梳理并打通原有的信息化系统，实现数据互联互通，使物流设备运行数据可视化、透明化，助力客户提质、降本、增效，寻找新的价值来源。贯通全流程数据，实现企业内外的高效协同，为企业'挤'出利润。"

细分领域为国产工业机器人胜出提供良机

"机器换人"浪潮导致大量企业进入机器人行业。以瑞士的布朗·勃维利、德国的库卡、日本的发那科和安川电机为首的工业机器人"四大家族"曾经占据了中国机器人产业70%以上的市场份额，几乎垄断了机器人制造、焊接等高端技术领域。我国工业机器人核心零部件技术长期缺失，制约了相关产业的发展。

那么，国产工业机器人如何突破发展瓶颈，在激烈的市场竞争中胜出？今天国际在20年的实践中摸索出一条新路：在细分领域精耕细作，持续加强细分领域的技术创新，为国产工业机器人产业找到了新的机会。

比如，今天国际2019年年初研制了一款"链式双舵轮万向AGV"。它采用适应生产运行环境、人机友好的背链式车体模型设计；AGV电池参数更智能；链式输送站台精确定位；双舵轮驱动形式爬坡能力强于其他驱动模型的 AGV。还有一个技术创新点，具备自然导引及激光反射板的混合导引形式，提高狭窄区域激光导航的可靠性。

随着 5G 技术的日渐成熟，工业机器人产业迎来新的窗口期。比如工业机器人可以搜集生产线上的实时数据，建立"核心工艺数据库"。基于强大的"核心工艺数据库"，工业机器人可以实现自我学习和升级，能够更精准地服务于现代化大生产。国产工业机器人通过持续技术创新，融入新颖的三维可视化、数字孪生等新技术，实现真正意义上的数字化工厂模式，让国产工业机器人"弯道超车"成为可能。

3. 深圳生命健康产业积极夯实创新实力

2020 年年初，一场来势汹汹的新冠病毒肺炎疫情席卷全球。新冠疫情既是生命健康领域的应急大考，也为生命健康产业拓展了新的发展机遇。5 月 23 日，习近平总书记在政协经济界委员联组会上作出指示，要加快推进包括生命健康在内的战略性新兴产业发展，形成更多新的增长点、增长极。

深圳作为生命健康产业的重镇，更是积极"备战"，全力推进相关产业的加速发展。2020 年上半年，不仅我国医疗器械领域唯一的国家制造业创新中心落户深圳，而且出台了一系列生物医药产业发展政策，各方合力打造全球知名生物科技创新中心。

2020 年 5 月 8 日，深圳市工业和信息化局透露，工业和信息化部批复同意广东省高性能医疗器械创新中心升级为国家高性能医疗器械创新中心，以深圳高性能医疗器械国家研究院为依托单位，开展组建工作。这是我国唯一的国家高性能医疗器械创新中心。

据了解，深圳 2018 年开始布局建设高性能医疗器械创新中心，之后获得广东省工业和信息化厅批复同意，升级为省级制造业创新中心。该中心由深圳先进院、深圳迈瑞生物医疗电子股份有限公司、上海联影医疗科技有限公司、先健科技（深圳）有限公司和哈尔滨工业大学联合牵头组建，并成立深圳高性能医疗器械国家研究院进行实体运营。

国家高性能医疗器械创新中心主任、深圳先进院副院长郑海荣介绍："创新中心在市场化运行、创新协同、知识产权运营、人才团队等方面都采用富有活力的机制，通过技术创新与工程化填补学术与产业之间的鸿沟，实现国家重大创新平台对于医疗器械行业的引领、带动与辐射。参与组建创新中心的成员单位来自广东、北京、上海、山东等地，是医疗器械领域业绩突出、研发能力强的优秀企业和研究力量，为创新中心提供了强大的产业支撑和技术创新导向。其中，深圳先进院是国内医疗器械领域规模最大、实力最强的研究力量之一。迈瑞医疗 2019 年实现营收逾 165 亿

图 3-14 今天国际科技园全景

元，成为中国最大的医疗器械企业。联影医疗是国内高端医学影像装备领域的领军企业。"

高端医疗设备是重大疾病诊疗的关键支撑。长期以来，国产高端医疗器械行业发展缺乏核心技术，创新能力弱，技术、质量、设计等方面与国际先进技术存在一定差距，国际市场乃至国内市场份额一直被国际巨头垄断。加快关键核心技术攻关，突破技术装备瓶颈，实现高端医疗装备自主可控，这些需求都强烈助推高端医疗装备国产化。

目前，深圳共有900多家医疗器械企业，近2000家经营性企业，拥有发明和新型专利授权近2万项。凭借先进技术和高质量产品，深圳已形成高端医疗器械产业集聚发展态势。2010—2018年深圳医疗器械产业产值年复合增长率为12.43%，涌现出一批优秀企业，超50家企业年产值过亿元。

除了在医疗器械领域致力于高端医疗设备的研发，深圳生物医药产业也抓准了新的发展机遇。2020年3月，深圳市政府办公厅发布《深圳市促进生物医药产业集聚发展的指导意见》《深圳市生物医药产业集聚发展实施方案（2020—2025年）》《深圳市生物医药产业发展行动计划（2020—2025年）》，同时出台《深圳市促进生物医药产业集聚发展的若干措施》。并在4月30日公布的《深圳市人民代表大会常务委员会关于加快生物医药产业高质量发展的决定》中提出：高水平推进坪山国家生物产业基地和坪山生物科技产业城建设，打造深圳市生物医药产业核心集聚区等。

深圳作为首批国家生物医药产业基地和国家自主创新示范区，生物医药产业发展起步早，基础较好。上述政策逐步落地，将给区域内生物医药企业带来极大的发展机遇。系列文件中也强调，要培育一批龙头企业，助力龙头企业做优做强。上市公司作为行业的头部力量，有望优先转变功能。

《深圳市生物医药产业集聚发展实施方案（2020—2025 年）》提出：坚持"要素集聚＋空间集聚"双核驱动，聚焦重点、突破短板、完善生态，实现生物医药产业链整合、价值链提升、市场链优化。到 2025 年，全市生物医药产业总产值突破 2000 亿元，行成"一核多中心"错位发展格局，打造十个重大公共服务平台，争取药品临床批件超百个，实现二类、三类医疗器械注册上市产品近万个，基因检测数据产出能力全球第一，努力建成国内领先、国际一流的生物医药产业集聚发展高地。

统计显示，截至 2020 年 5 月，深圳生物医药产业上市公司共 17 家，包括迈瑞医疗、健康元、华大基因、华润三九，以及在科创板上市的微芯生物等。目前，深圳基本形成了以坪山国家生物产业基地、深港生物医药创新政策探索区、光明生物医学工程创新示范区、宝龙生物药创新发展先导区、坝光国际生物谷精准医疗先锋区为主导的产业空间格局。

深圳市健康产业发展促进会会长黄鹤表示，2019 年，深圳市生物医药产业实现增加值 337.81 亿元，增长 13.3%，占战略性新兴产业增加值的 3.3%。近年来，我国生物医药产业区域竞争十分激烈，长三角地区、环渤海区域发展势头十分迅猛。相比较而言，深圳市生物医药产业发展的规模和速度仍然存在差距，亟须加快发展，迎头赶上。在新冠疫情的大背景下，包括新药创制、疫苗研发、远程医疗、健康管理、医疗器械等诸多行业在内的生命健康产业都自带"光环"，无论从新产业、新业态、新模式而言，还是从新科技带来原有产业的颠覆性变革讲，生命健康产业均出现不少新增长点，发展势头喜人。加之深圳市政府的大力扶持，深圳市生命健康产业将进一步提升科研创新能力和产业配套能力，争取更快速地发展。

【案例链接 3】

研发驱动型的医疗器械"黑马"

深圳普门科技股份有限公司（以下简称"普门科技"）是一家从事驱动型医疗器械研发的国家高新技术企业。公司主营业务涉及治疗与康复产品、体外诊断设备及配套试剂的研发、生产和销售。

普门科技荣获 2015 年度国家科学技术进步奖一等奖，成为中国医疗器械行业第一家获此殊荣的企业。2011 年，经国家六部委批准设立院士工作站，成为中国医疗器械行业最早成立院士工作站的企业；建成了多个省市级创新研发机构，包括"广东省工程技术研究中心""深圳市工程技术研究中心""深圳市工程实验室""深圳市企业技术中心""博士后创新实践基地"等，先后承担国家部委级、省级、市区级研发及产业化项目 20 多项。

在体外诊断领域，普门科技成功研制出包括检测仪器和配套试剂的新一代全自动电化学发光免疫分析系统，打破了行业巨头在电化学发光免疫分析领域的全球垄断，填补了国内市场空白，成为我国第一家取得电化学发光免疫分析系统注册证的企业。

目前，普门科技在创面治疗、肺功能康复、抗血栓治疗、疼痛治疗等治疗与康复领域，以及电化学发光免疫分析、特定蛋白分析、糖化血红蛋白分析、免疫荧光分析等体外诊断领域具备强大的核心竞争力，建成了包括研究开发、生产制造、销售服务、质量管理等体系完善的医疗器械产业化平台。

"十年磨一剑"，2019 年 11 月 5 日，普门科技在创立的第 12 个年头正式登陆科创板。它是深圳第九家登陆科创板的生物产业类企业。目前，普门科技已拥有 8 大核心技术、93 项专利技术、64 项软件著作权及 98 项二类医疗器械注册产品，在创面治疗、电化学发光检测、特定蛋白分析检测等领域具备先发优势，自主研发的光子治疗仪填补了临床创面光子治疗领域的空白。

创业方向"独辟蹊径"

普门科技的掌门人刘先成曾在深圳迈瑞生物医疗电子股份有限公司（以下简称"迈瑞医疗"）工作了 15 年，历任销售总监、副总裁、常务副总裁、美国子公司总裁等职务，参与并见证了迈瑞从微小型企业成长为中国医疗器械龙头企业的主要过程。而刘先成创业伊始，并未以诊断类医疗设备为目标，而是选择治疗类医疗器械。这是为什么呢？

刘先成介绍："我离开迈瑞医疗再创业，就是想为人类的健康带来一些有价值的产品。首先考虑的就是不与迈瑞医疗竞争，不盲目低水平复制同类的产品。从理性上看，迈瑞医疗作为中国医疗器械领域的龙头企业，其研发实力和市场营销能力已经非常强大，一家新成立的小公司要与迈瑞医疗开展同业竞争，就好比以卵击石，也与我的创业初衷相违背，所以，我选择了与迈瑞医疗完全不同的产品方向，从治疗类产品切入。2007 年，我在思考创业方向时，发现我国的治疗类医疗器械还很落后，空白市场很大，想象空间大，未来应该是一个有前途的蓝海市场。"

综观全球的医疗器械行业，通用、飞利浦、西门子、强生、美敦力是全球最大的几个医疗器械公司。尤其是美敦力和强生，发展势头猛，在全球医疗器械行业中年销售收入一直长期雄踞第一和第二，遥遥领先于其他公司，它们的主力产品就是治疗类医疗器械产品。

以迈瑞医疗为代表的国内医疗器械企业的主营产品多以诊断设备为主，治疗类企业和产品比较少。于是，治疗类医疗器械产品的研发成为刘先成瞄准的创业方向。

这是一座更高的高山，治疗类医疗器械属于技术密集型产品，而且需要更多临床医疗专家的参与和指导，需要长期的临床测试，市场开发是一个比较艰难而漫长的过程。刘先成洞察到一个市场热点：近年来，因环境变化、饮食结构变化以及糖尿病病例的快速增加，以前少见的难愈性创面病例大量出现。难愈性创面治疗广泛存在于临床各科室，不仅治疗过程长，患者住院费用高，而且治疗手段很复杂。然而，国内医院的创面治疗技术仍比较单薄，既没有统一的培训和技术支持，又没有相关的设备与耗材支持，无法满足慢性创面的治疗需求。而此时国际上，光医学治疗、超声清创治疗、负压治疗等先进理论和高科技产品已经出现，为创面患者的治疗提

图 3-15 普门科技董事长刘先成领取 2015 年度国家科学技术
　　　进步奖一等奖证书

供了新的方法。因此，刘先成安排核心研发团队开始开发光医学治疗设备。2008年5月，普门科技的研发团队开发出国内第一台光子创面治疗仪。

光子创面治疗仪采用光生物学原理，由集成式二级发光管（LED）为光源，产生对人体有治疗作用的特定波长光子，用于人体创面、炎症治疗的一类治疗，具有消炎、抗感染，减少创面渗液，缓解局部疼痛，加速肉芽组织生长，促进创面愈合的功能。

刘先成在普门科技的展厅，指着一台外形精美的医疗设备介绍道："光子创面治疗仪可以发出波长为640纳米的红光，促进患者创面的组织修复；蓝光感染治疗仪的波长为460纳米，用于创面杀菌和抗感染治疗，满足临床创面治疗需求，为创面患者提供有效的治疗。"普门科技的光子创面治疗仪已获得多项发明专利和实用新型专利。

说到如何打开市场，刘先成印象最深刻的是在西南地区一家医科大学附属医院的创伤外科发生的事。该科室主任听了产品介绍后，对产品临床效果充满质疑，并笑言："没有见过光可以治疗创面。"该科室正好有一位从贵州转院过来的心脏换瓣的患者，术后一年多，伤口一直不能愈合，手术窦道创口持续渗液并溃疡，已经转来科室治疗了3个月，也没有好转。主任决定用光子创面治疗仪试一下，治疗这个患者的窦道创口。结果，治疗10天后创面渗液消失，溃疡创面快速好转；14天后创口愈合，达到出院标准。从那以后，这位主任对光子创面治疗仪刮目相看，成为普门科技光子治疗技术的"铁杆粉丝"，并且承担科技部"光子创面治疗的效果评价研究"的课题。

截至目前，普门科技床旁创面治疗设备装机医院有1万多家。刘先成介绍说："目前公司各类治疗与康复产品国内装机用户包括中国人民解放军总医院、中国人民解放军总医院第一附属医院、中国人民解放军陆军军医大学西南医院、中国人民解放军空军军医大学西京医院、郑州大学第一附属医院、复旦大学附属中山医院等1500余家三甲医院，广泛分布于创面治疗中心、烧伤科、皮肤科、外科、骨科、内科、重症加护病房、妇产科、急诊科、皮肤科等临床科室。截至2019年年底，公司已经协助400余家医院建成了创面治疗中心。"

如今，普门科技的光子创面治疗产品在全国市场占有率达到一半以上，成为该细分领域当之无愧的龙头企业。

研发驱动企业迅猛发展

2016年1月8日，在国家科学技术奖励大会上，普门科技和中国人民解放军总医院、中国人民解放军第三军医大学、上海交通大学医学院附属瑞金医院等多家国内顶级医院联合申报的"中国人体表难愈合创面发生新特征与防治的创新理论与关键措施研究"项目，一举夺得2015年度国家科学技术进步奖一等奖，这也是我国医疗器械企业赢得的首个国家科学技术进步奖一等奖。此后，普门科技被公众广泛关注。

获奖项目以普门科技创面治疗产品为核心，而这个创面治疗解决方案的规划和完成离不开中国工程院院士付小兵的大力支持与帮助。

2011年，经中国工程院、中国科学院、教育部、科技部、工业和信息化部和广东省人民政府批准，普门科技与付小兵院士合作成立了院士工作站。该院士工作站是广东省首批10家院士工作站之一，普门科技是经过国家正式批准最早成立院士工作站的医疗器械企业。

刘先成由衷地说："无论是临床试验还是产业方向，付院士提出了很多非常宝贵的意见和建议，这些都是无价之宝，是普门科技不断创新发展的重要源泉，我们坚持价值创造才是企业发展之根本，不断研发，坚持产品创新，这就是普门科技为人类的健康创造价值的具体体现。"

继成功向市场推出光子创面治疗仪这一核心产品之后，普门科技持续加大研发，陆续研发出多功能清创仪、负压创面治疗仪、空气波压力治疗系统、高频振动排痰仪、高能红外治疗仪、脉冲磁治疗仪、盆底反馈治疗仪、气压弹道冲击波治疗仪、电磁弹道冲击波治疗仪、中低频电痛疼治疗仪、生发治疗仪等医疗设备，为多科室的治疗与康复提供整体解决方案。

获政府扶持，快速提升创新能力

深圳市和广东省对普门科技多个研发和产业化项目进行资助，为企业建设创新型的高端研发平台注入了强大的动力，提高了普门科技的影响力。同时，也极大地提高了员工对企业的向心力和凝聚力。

图 3-16 2020 年 4 月，普门科技光子创面治疗仪的生产调试车间

　　"事实上，普门科技从创立初期到现在，一直是在市科创委的大力支持下一步步成长起来的。"刘先成说，"2009年，在普门科技创立的第二年，光子创面治疗仪的科研项目就获得了市科创委的资金支持，令普门科技全体员工欢欣鼓舞，让我们实实在在地感受到政府和社会的认可和支持，更加坚定了我们把企业办好，为社会创造价值的信心。市科创委、市发改委、市经信委以及南山区等多部门给了普门科技一些切实而具体的科研和产业化项目的支持，我认为，深圳是创业者的天堂，我们普门科技能够生存和发展到今天，与深圳市政府各部门的支持和帮助是分不开的。"

　　普门科技拥有6个省、市级研发技术创新载体，包括广东省院士工作站、广东省工程技术研究中心、深圳市工程技术研究中心、深圳市工程实验室、深圳市企业技术中心、深圳市博士后创新实践基地等。始终坚持以市场为导向，通过持续加大研发投入，不断提升研发能力，在已建立的集成产品开发（IPD）创面治疗、血栓防治、疼痛治疗、呼吸康复等治疗与康复设备技术平台，以及电化学发光、免疫比浊、液相色谱、免疫荧光等

图3-17　2019年10月，普门科技研发人员在电化学发光免疫分析实验室开展工作

体外诊断检测技术平台上，采用生命周期管理（PLM）模式，推行技术创新和技术合作，布局和补充重要产品，使企业核心竞争力得到了进一步增强。

2014 年，普门科技与天津市医疗器械质量监督检验中心共同起草完成了《红光治疗设备》行业标准。过去 4 年来，普门科技的研发投入占当年营业收入的比例均保持在 18% 以上。2018 年，普门科技获 2018 年度深圳市科学技术进步奖一等奖。2019 年，普门科技入选"2019 深圳领先生物科技企业 20 榜单——领军企业榜"。截至 2020 年 4 月，普门科技已获得授权专利 93 项，其中发明专利 19 项。

打破巨头在电化学发光免疫领域的垄断

如果把选择光子创面治疗仪作为普门科技走向市场的切入口，那么，成功研制电化学发光免疫分析设备则是普门科技在体外诊断领域的重大突破和创新。

在体外诊断产业中，免疫分析是最大的细分市场。2013 年，我国免疫分析市场实现产值 66 亿元，年复合增长率达 20%。但国内的高端产品几乎全部被罗氏、雅培、西门子等欧美行业巨头垄断。于是，普门科技全力研发体外诊断领域的这种全自动电化学发光免疫分析产品。

2018 年中国电化学发光市场规模约为 260 亿元，罗氏、雅培、西门子、贝克曼合计约占 77%，国内企业中占比较高的为新产业、安图生物、迈瑞医疗。

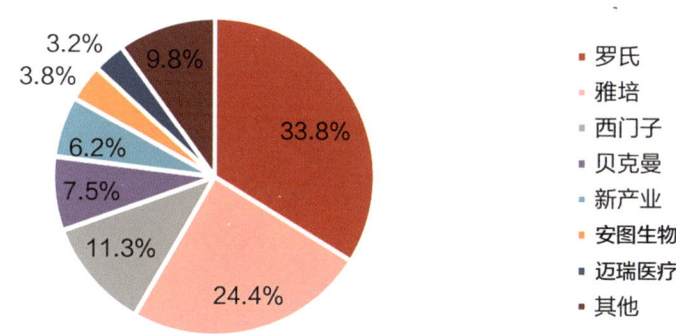

图 3-18　2018 年，中国化学发光行业的竞争格局（资料来源：西部证券研发中心）

2014 年 2 月，普门科技正式立项启动了新一代全自动电化学发光免疫分析系统项目（含仪器和配套试剂）的研发。该项目获得了深圳市（2014年）和广东省（2016 年）的资金支持。研发团队的核心成员全部拥有长期从事电化学发光平台技术以及免疫分析产品的研发经历，掌握了从试剂到仪器各个关键环节的核心技术，对国际相关技术的发展趋势具备很强的判断力。

"这个项目的研发成功，打破了国外产业巨头的技术垄断，可逐步实现进口替代，大幅降低医院的电化学发光免疫分析设备和试剂成本，减少患者的医疗费用。"刘先成说，"非常感谢市科创委和广东省科技厅对我们这个项目的大力支持，让普门科技成为我国第一家研发成功并取得电化学发光免疫分析系统注册证的企业，打破了洋品牌的市场垄断。"该产品于 2017 年成功获得国家医疗器械产品注册证，现在已经获得了近 50 个检测项目产品注册证，涵盖炎症、甲状腺、性激素、心脏标记物、肝纤等多项目检测。预计到 2021 年年底，会获得 100 个左右覆盖肿瘤标记物检测、糖代谢检测、治疗药物监测、骨标记物检测、贫血因子检测等项目检测注册资质。

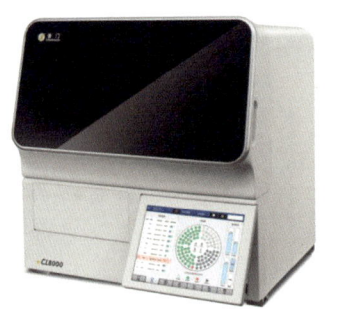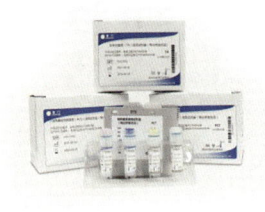

图 3-19　普门科技推出全自动电化学发光免疫分析仪（eCL8000）

在体外诊断领域，普门科技已经成功打造出电化学发光、散射免疫比浊、高压液相色谱和免疫荧光四大检测技术平台，研发生产的全自动电化学发光免疫分析仪、全自动高压糖化血红蛋白分析仪、全自动特定蛋白分析仪、干式荧光免疫分析仪等产品，已形成从国内社康门诊到三甲医院通用的产品系列。

目前，普门科技已经形成治疗与康复设备和体外诊断产品两大领域齐头并进、共同发展的态势。

成为资本市场的"宠儿"

凭借在治疗与康复及体外诊断领域 12 年来的积累与发展，普门科技已成为我国医疗器械细分领域中冉冉升起的新星。嗅觉灵敏的创投机构纷纷向普门科技抛出橄榄枝。

刘先成说："公司的发展离不开外部大脑，外部投资团队的社会资源和行业资源对我们的发展意义重大。2016 年开始，普门科技先后进行了两轮融资，这些外部股东对普门科技的发展帮助很大。"

2016年，由深创投领投A轮融资，深创投、软银资本、倚峰资本、华泰瑞合、前海股权等机构注资2亿元，普门科技当年估值约20亿元。

2017年10月，普门科技完成B轮融资，继续由深创投领投，软银资本、倚峰资本、松禾资本等机构跟投，普门科技再次获得投资1.6亿元，公司估值约30亿元。

2019年11月5日，普门科技在科创板上市，发行价为9.1元，共发行4300万普通股，募资超过3亿元。普门科技当日收盘价为19.63元，较发行价上涨115.71%，收盘时市值为82.88亿元。目前，市值超过110亿元。

2020年2月21日，上市刚满百日的普门科技发布了2019年度业绩快报，公司营业收入同比增长30.68%，净利润增长65%。

图3-20　2019年11月5日，普门科技在上海证券交易所科创板上市，现场记者采访刘先成

2020 年年初，突如其来的新冠疫情给全社会带来了巨大的灾难。普门科技全力以赴投身抗疫战斗，积极参与了武汉雷神山医院的建设。选派专业技术过硬、协调能力强的工程技术人员为雷神山医院急需的特定蛋白分析设备等体外诊断检测设备提供装机服务。之后，普门科技研制的数千台呼吸康复治疗设备（包括高频振动排痰仪、空气波压力治疗仪、红外治疗仪等），在全国新冠肺炎救治定点医院快速装机使用。临床实践证明，普门科技呼吸康复设备在新冠肺炎病人的辅助治疗方面有良好的疗效。

如今，上市带给刘先成的激动和喜悦早已消退，他冷静地说："办公司不是为了上市，好比一个少年成长的目标不是为了上大学，上大学只是人生的重要阶段，上市也是企业发展过程中的一个重要台阶。企业只有上市了才能吸引更多人才、留住人才，让参加创业的年轻人有成就感和价值回报。对于普门科技来说，上市仅仅是万里长征第一步，更要建立对公司未来发展的责任感，对员工、股东和社会的责任意识。在疫情发生后，全公司员工加班加点，为全球各地医院提供诊断和治疗的医疗设备，我们感到肩头使命巨大。"

瞄准全球医疗器械市场进军

统计数据显示，2017 年全球医疗器械销售规模达到 4050 亿美元，同比增长 4.52%，2011 年至 2017 年的年均复合增长率为 2.32%。预计 2024 年，全球医疗器械销售规模将增长至 5945 亿美元，2017 年至 2024 年的年均复合增长率将达到 5.64%。

根据《中国医疗器械蓝皮书》统计，2018 年我国医疗器械市场总规模达到 5304 亿元，同比增长率为 19.86%。国内医疗器械市场规模由 2011 年的 1470 亿元增长到 2018 年的 5304 亿元，年均复合增速达 20.12%，远高于同期国内生产总值增速及全球医疗器械行业平均增速。

作为研发驱动型的医疗器械企业，普门科技目前具备跨越治疗与康复产品和体外诊断产品两大不同领域研发和产业化的能力，正在发展成长为一家具有强大包容能力并覆盖产品研发、制造、全球营销与服务的平台型企业。

刘先成一直十分赞赏深圳的创业环境，他说："深圳创新创业活跃度领跑全国，在医疗器械领域更是如此，已经形成良性发展的创新型医疗器械产业生态链。深圳前瞻布局，加强产业关键核心技术和前沿技术研究，建设产业创新生态体系。2019 年 12 月，普门科技总部及研发中心项目方案获得龙华区规划土地监察局审查通过，总建筑面积 5 万多平方米，项目

图 3-21　2017 年 8 月 4 日，普门科技参加在美国圣迭戈举办的第 69 届美国临床化学协会年会暨临床实验室博览会

正在紧锣密鼓建设中。"

据了解，普门科技在松山湖国家高新技术园区建立了6.2万平方米的普门科技研发制造基地，2019年10月投入使用。这个基地成为普门科技制造能力提升的新起点。位于南京市软件园的1.3万平方米普门科技华东研发中心，位于重庆大学城的0.9万平米普门科技重庆研究院都在施工建设中，将为普门科技下一步发展积蓄能量。

展望未来，任重道远。刘先成说，普门科技正在积极顺应和把握国家医改大势，关注全球医疗器械行业的技术动态，开发有显著价值的治疗与康复产品以及诊断产品，聚焦预防、急救、治疗、康复等健康需求，拓展诊疗产品线，始终如一地坚持为人类的生命和健康创造有显著价值的产品和服务，把普门科技发展成为一家跨越生命周期、令人尊敬的优秀医疗器械研发制造供应商。

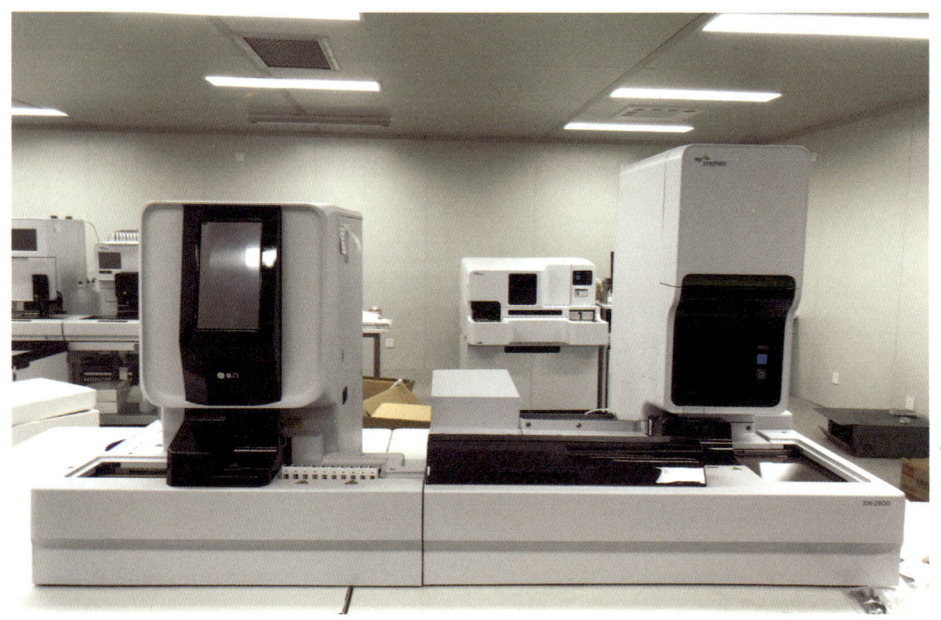

图3-22 2020年2月5日，普门科技为雷神山医院提供安装、调试体外诊断检测设备等服务

尊重科学家，成就企业梦想

有人说，普门科技很幸运，近几年发展得顺风顺水。如果要剖析普门科技成功的秘诀，实际上与企业尊重科学家、注重临床实践的企业精神密不可分。

刘先成回忆道："医疗器械企业要创业成功，不仅单纯依靠资金，还要依靠产品的战略选择，产品实现的方法和路径非常重要。我们公司早期就建立了广东省第一批院士工作站，我们看到院士的智慧是巨大的宝矿，要尽量从一流的科学巨匠那里获得指导和帮助，并把技术很好地转化为受市场欢迎的产品，去服务更多的患者。2009 年 8 月 9 日，付小兵院士第一次考察普门科技，拉开了与普门科技合作的序幕。"

付小兵院士是我国创伤和组织修复与再生医学领域的顶级科学家，主要在临床应用方向提出了很多宝贵的建议。光子创面治疗仪主要是利用红光光子进行治疗，受光的波长和能量密度影响，不同疾病的治疗方案有很大的不同，这就需要不断进行临床试验和改进。

光子创面治疗仪样机出来后，付小兵院士就在临床应用上进行指导，并根据临床治疗的实际效果提出大量的改进建议。

普门科技与国内顶级医院的合作逐渐增多，更容易收集到医院临床科室对治疗设备的需求，根据临床的需要，普门科技快速研发和迭代改进，推出一款款新产品，普门科技也由此与国内外创面治疗学术界的专家们开展长期、稳定、高效的合作，为新产品的临床推广打下良好的学术基础。

普门科技逐渐做大做强，从初创时期的十几个人员壮大到目前千人规模，销售收入也迅速提升；产品实现多元化发展，拥有多个产品集成的诊疗方案，产品及方案具备良好的竞争优势。

由此可见，院士工作站作为企业的"外部智囊"，弥补了中小企业研发能力不足、难以做大做强的先天劣势。企业充分尊重科学家，发挥院士工作站的"外部智囊"作用，加大研发投入，坚持不懈地提升企业创新能力。一家小微企业逐渐发展成行业中的新一代明星企业，也是指日可待的事情。

【案例链接 4】

微生物制药与人工智能的联姻传奇

深圳未知君生物科技有限公司（以下简称"未知君"）成立于 2017 年，是中国首家专注于肠道微生物治疗的人工智能制药公司，拥有先进的微生物药物研发平台。

核心技术方面，未知君突破微生物药物的数据与算法痛点，借助国际一流的生物信息分析及 AI 技术，高度整合微生物组学、免疫学、肿瘤学等学科，以数据为驱动力，打通菌群制药从"数据"向"药物"的转化全链路。依托创新型药物开发模式和独有的药物开发平台，未知君将"人工智能 + 生物信息分析技术"与肠道微生物技术相结合，实现数据高质量分析、沉淀与产出，极大地提高了药物开发的效率和成功率。

2019 年年底，未知君正式对外宣布完成超过 1 亿元人民币的 B 轮融资。这是国内微生物制药行业迄今为止规模最大的融资事件。作为中国第一家基于人工智能的微生物制药公司，未知君不仅拥有超前的微生物制药技术，而且拥有一支国际化的科研团队，这也是能获得投资者青睐的重要原因。

未知君是目前国内少有的、布局微生物药物的平台型公司。创始人谭验介绍："成立将满三年的未知君，已经建立起数据驱动的微生物制药临床前平台，可为缺乏标准化的药物开发方案提供全链条的标准作业程序。未知君下设六大子平台，包括多组学的计算，功能菌株发现、研发，生产的全部环节。同时，深圳合成生物学创新研究院和合成生物大设施为深圳在国内外微生物制药领域弯道超车创造可能。"

国内微生物制药行业规模最大的融资事件

未知君的核心研发团队成员来自博德研究所、哈佛大学、麻省理工学院、辉瑞和施贵宝等国际顶级研究机构和制药公司。2019 年年初，未知君进行了数百万美金的 A+ 轮融资，在各子平台上均取得不小进展。在生物信息和 AI 平台方面，未知君自主研发了 Xstrain 和 MSEA 两种算法。前者是第一个从宏基因组样本里直接解析菌株组成及各菌株对应的基因的工具，和传统的菌株分析方法相比，不仅提升了检测灵敏度，还可以凭借功能信息完成对菌株的筛选。后者是第一款通过文本挖掘从差异菌预测宿主功能的工具，有助于增进对"微生物—宿主"相互关系的理解和微生物生理作用的解读。

"我们并没有想到在 2019 年全球资本寒冬的背景下能够获得过亿元的融资，B 轮融资发生得极为偶然，但偶然中也有其必然性。"谭验回忆道，"在一场论坛上，姚毅博士发表了专题演讲。他介绍了未知君在微生物制药上所做的创新探索，吸引了君联资本投资人的关注，他很快来到我们公司考察，只跟我聊了半小时，就表示要投资我们公司。不到一个月时间，就把上亿元的投资合同敲定了。此轮投资由君联资本领投，高榕资本、晨兴资本、雅惠投资这些原投资机构继续跟投。我们 B 轮融资是国内微生物制药行业迄今为止规模最大的。"

君联资本执行董事赵名玮曾对媒体表示："未知君拥有世界顶级的生物信息研发团队，将人工智能技术应用于肠道微生物这一新兴制药领域，有望大幅缩短新药的研发周期并提高成功率。"

熟悉创投规则的人知道，"蓝海市场 + 前沿技术"是最受投资人欢迎的条件，获得的投资金额会较多。未知君将人工智能技术应用于肠道微生物制药领域获得巨额投资就不足为奇了。

从"人体第二套基因组计划"说起

目前，大量的医学研究都在集中分析人的基因组成与疾病易感性和药物敏感性的关系。但人体内发挥作用、影响生老病死的不仅有人的基因，还有大量的共生微生物的基因。

科学家认为，人体有两个基因组，一个是从父母那里遗传来的人基因组，大约 2.5 万个所编码的基因；另一个则是出生以后才进入人体特别是肠道内的多达 1000 多种的共生微生物，其遗传信息的总和叫"微生物组"，也可称为"元基因组"，它们所编码的基因有 100 万个以上。两个基因组相互协调、和谐一致，保证了人体的健康。因此，在研究基因与人体健康关系时，一定不能忽略共生微生物基因。

人类微生物组研究日益受到重视。2007 年，美国国立卫生研究院出资 1 亿多美元启动了人类微生物组路线图计划。2008 年 4 月，欧盟宣布启动人类元基因组第七框架项目。人类微生物组计划也被称为"人体第二套基

图 3-23 未知君首席执行官谭验

因组计划"。

最新的研究进展表明，结构异常的肠道菌群很可能是肥胖、高血压、糖尿病、冠心病、中风等代谢性疾病的直接诱因。因此，人类微生物组研究最终将在健康评估与监测、新药研发和针对性用药，以及慢性病的早期诊断与治疗等方面取得突破性进展。

谭验介绍，近十多年来，专注于微生物组技术的初创公司纷纷成立并完成融资，在最近 5 年达到高峰。从 2007 年年初到 2017 年 5 月，这些公司累计融资规模达 12 亿欧元。其中，美国企业占了 77%，其次是欧洲企业，占比为 21%。

近年来，人体微生物的研究已取得诸多突破，主要表现在对微生物药物疗效的验证和临床应用上。国际排名前 50 的制药公司中，有 35 家明确表达了对微生物组研究的兴趣。其中的一些公司正在与微生物组技术公司建立合作伙伴关系。比如，辉瑞和杨森在 2013 年共同投资了 Second Genome 公司。该公司专注开发两种产品，分别针对 II 期非酒精性脂肪性肝炎和炎症性肠道疾病（IBD）。2014 年，马克·史密斯在美国创办了一家致力于开发新型微生物疗法的人体微生物药企公司（Finch），成为世界上著名的"粪菌银行"，获得融资总额超过 1.8 亿美元，向独角兽企业迈进。

"通过对不同适应症的细分领域进行潜在市场规模估测，我们预测微生物药物未来具有巨大的市场潜力。现阶段，微生物药物可触及市场规模约为 1000 亿美元，微生物药物各适应症整体市场规模约为 5000 亿美元。我国在这个领域拥有很大的优势，国内有巨大的临床数据优势，单点疾病方面积累的数据量远远高于国外同行。"谭验是麻省理工学院博德研究所生物信息专业博士，他的研究领域横跨生物信息学、微生物学和免疫学。

正是因为他看中了微生物制药巨大的市场机会,所以在 2017 年毅然决然地投身于微生物制药行业。

从填补国内空白到走平台型发展道路

谭验真正涉足微生物制药行业才发现,国内在这个领域还处于非常早期的阶段,连一些最基本的公共技术平台都没有,所以他不得不从最基础的平台搭建工作做起。比如,无菌小鼠是微生物制药产业链中必不可少的一环,但国内并没有商业化运作无菌动物供应的供应商。2019 年,未知君与中国医学科学院动物所联合,搭建了国内首家商业化运作、专注于无菌动物供应的平台。平台以行业"金标准"无菌小鼠为模式动物,与国内知名受托研究机构(CRO)合作,开展符合国际申报标准的实验。依托对肠道菌群和疾病的技术积累,平台积极推进管线研究,构建从数据到实验验证的完整闭环。

又如,未知君建设了国内唯一一家获得美国食品药品监督管理局认可的微生物药物生产平台,化学成分生产和控制体系(CMC)符合国际标准,可以提供高纯度高活性的人肠道菌群,确保产品质量。同时,平台的供应体系严格稳定,涉及检测项目多达 130 个,能对供体筛查进行四种多重耐药性菌(MDRO)的检测,使用 FDA 认证的检测途径,对 22 种病原菌进行确认,因而,微生物药物安全性高。

同时,未知君与深圳先进院合作,围绕肠道微生物分离、鉴定、筛选、成药技术,联合打造了国际顶尖的自动化高通量培养组学平台。领先的培养技术可实现复杂菌群中关键菌和难培养新菌的高通量分离,能同时完成对数百株菌株的筛选。结合肠道菌群响应分析体外诊断平台,筛选针对不同疾病有响应的肠道微生物,建立自有肠道微生物菌种库。

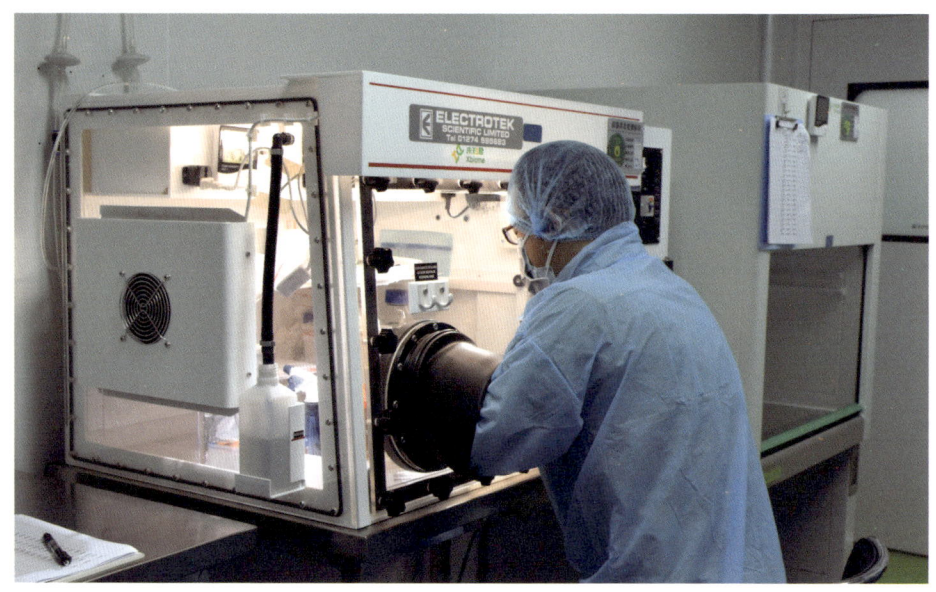

图 3-24 科研专家在厌氧台进行工作

谭验介绍说："我们还打造了人工智能平台，包括多组学计算平台、关键菌发现平台、微生物知识库平台。未知君借助国际一流的生物信息分析及 AI 技术，高度整合微生物组学、免疫学、肿瘤学等学科数据，打通菌群制药从'虚拟世界'向'物理世界'转化的全链路，铸造能够持续产生突破性微生物药物的创新型研发平台。"

拥有了这六大平台后，未知君的技术优势更明显了，在算法层，自主研发的 AI 算法性能出色，大幅地提高数据的可解释性，提升模型预测效果。在数据应用层，"细菌—基因—通路—产物—功能"的完整信息链，可深度解析关键通路及主要贡献菌。

多方面合作创业渐入佳境

目前，未知君已与国内多家知名医疗机构开展了肠道微生物合作治疗。

人体肠道全菌胶囊（FMT）产品在临床试验中表现出显著的治疗效果，包括"菌群移植与抗PD-1免疫治疗的联合治疗""菌群移植胶囊应用于伴有胃肠道症状的儿童孤独症患者的有效性的临床研究""基于菌群移植技术探索肠道微生物环境在I型糖尿病患者中有疗效价值的临床研究""全菌胶囊治疗难治性肠型急性移植物抗宿主病（GI-aGvHD）的安全性和有效性的临床研究"等。重要的企业间合作主要包括如下三个方面：

一是与科拓恒通合作，共同拓展益生菌的应用。未知君和国内益生菌领域的领军企业科拓恒通成立合资公司，利用未知君的微生物药物开发平台、临床运营能力，不断开发优质菌株的治疗功能。首个研发项目为某双歧杆菌、某鼠李糖乳杆菌与抗PD-1药物的联合治疗。经过动物实验验证，对鼠结肠癌CT26模型具有显著抑制肿瘤生长的作用，能够显著延长小鼠的生存期。

二是与江苏恒瑞共同开展全菌胶囊及PD-1药物联合治疗的合作，共同推动临床一期、二期、三期试验，尝试攻克某肿瘤适应症。

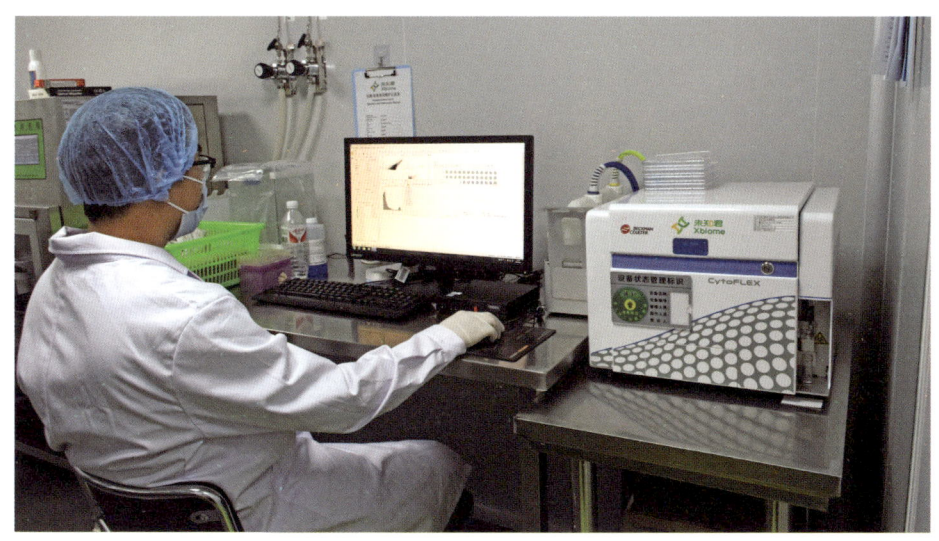

图 3-25　科研人员正在使用流式细胞仪

三是与国际顶级微生物药物研发企业合作。未知君与 Finch 公司和上海第十人民医院一起合作成立微生物联盟，共同推动建立我国粪菌移植行业标准。

得益于广泛的行业资源优势，未知君已将部分成果应用于院企合作项目。经未知君定制改进的 Panphlan 算法，已被应用于北京大学肿瘤医院的全菌胶囊与抗 PD-1 免疫抑制剂的联合治疗项目，并搭建了全球领先的接受 PD-1 治疗的消化道肿瘤患者的粪便样本库，达 2000 多例。此外，未知君还与上海新华医院合作，通过菌群移植进行自闭症患者治疗的临床研究。项目均已进入人体试验阶段，并取得了优异的早期试验数据。

一系列针对肠道疾病的临床研究在各地医院紧锣密鼓地展开。未知君与南方医科大学南方医院、南方医科大学第三附属医院开展合作，比如通过针对性治疗纠正 I 型糖尿病患者体内的菌群失衡症状，重建肠道微生物，从根本上改善患者的胰岛素敏感下降状态，达到治疗的目的。

谭验从未知君生产车间超低温冰箱中拿出一颗胶囊型药物，介绍道："这就是用于自闭症患者治疗的微生物药物，我们与医院正在招募志愿者做临床试验。脑肠轴是人体内大脑、肠道共同构成的系统，学界又称肠神经系统为'第二大脑'。通过调节肠道菌群，就能改善自闭症患者的症状，我们的研究与国际同行基本同步。希望未知君可以扎根粤港澳大湾区，与产业链上下游的机构一起，为我国肠道微生物制药产业发展探索自己的道路。"

企业获人才政策支持加快发展

深圳市委、市政府的人才引进政策吸引全球的高精尖人才，为未知君打造跨学科、跨产业互补的团队创造了难能可贵的社会环境。

一直以来，深圳市委、市政府高度重视人才工作，特别是近几年，陆续制定出台了《深圳市人才安居办法》《深圳市青年创新就业人才选拔支持实施方案》《关于促进人才优先发展的若干措施》等人才政策。2017年8月，市人大常委会审议通过了《深圳经济特区人才工作条例》，于当年11月1日正式实施。每年11月1日被确定为"深圳人才日"。

谭验对深圳的创业环境赞不绝口："深圳拥有丰富的跨学科优质人才。微生物制药不仅需要生物科技人才，还需要计算机专业人才，微生物制药与人工智能的联姻传奇只会在深圳这片沃土上率先上演！"

深圳这片创业热土也赋予未知君这样的战略性创业先锋多项荣誉，包括由2019年深圳国际BT领袖大会颁布的"2019深圳领先生物科技20强——先锋企业奖""2019第二届粤港澳大湾区生物科技创新企业50强——先锋企业"。未知君凭借过硬的技术实力，入选全球三大财经商业媒体之一《快公司》杂志评出的"2018年中国最佳创新公司前50名。"

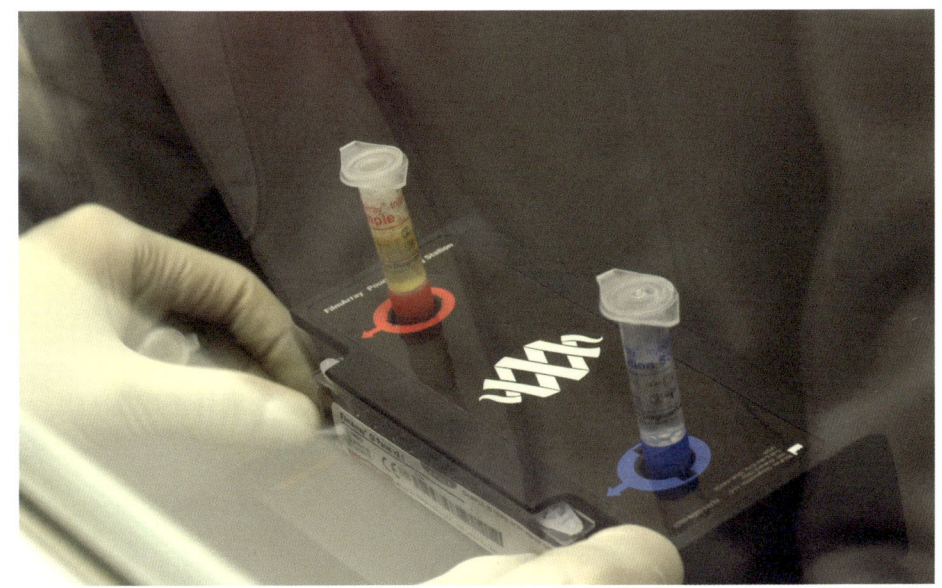

图3-26 GI检测加样

建立联合实验室是企业创新驱动的良策

企业提升创新能力，除了依靠内部科研团队提高研发效率，还可以借助"外脑"，依托新型科研机构的优良设施、智力资源与平台优势，针对难点技术进行联合攻关。双方建立联合实验室可以起到事半功倍的效果。

未知君牵手深圳先进院共同成立"微生物制药"联合实验室，就是借用"外脑"的典型案例。双方优势互补，在微生物制药领域建立技术开发平台和科研成果转化平台，有助于改善和治疗更多疾病。

2019年9月12日，未知君与深圳先进院举办了"微生物制药"联合实验室揭牌仪式。深圳先进院副院长许建国表示，希望先进院能将既有优势和未知君需求相互结合，实实在在地为企业的发展做出科研院所应有的贡献。

该联合实验室副理事长、研究员杨瑞馥也表示，双方共同打造一个联合实验室平台，将会对健康和医学做出巨大的贡献，活菌药物开发拥有很大的潜力，希望双方共同促进国内生物制药的新发展。

联合实验室将围绕肠道微生物分离、鉴定、筛选、成药等方面开展前沿技术研究，积极开发治疗癌症、自闭症、阿尔茨海默病等重大疾病的肠道微生物药物。

微生物组在生物科技领域拥有巨大的发展趋势。深圳先进院拥有优质的科研设施、先进的研究理念和一流的科研团队，未知君在平台建设和应用技术研究方面取得了突出的进展，利用双方的优势可以将微生物制药从实验室阶段的科学探索推向产业化成果。

"深圳先进院牵头建设合成生物大设施,这个设施为微生物制药提供自动化、高通量的工程化平台。我们不用自己买大设备,只要设计实验流程、方案、自动化步骤,就可以依托合成生物大设施完成成果的转化和应用。也就是说,深圳先进院的大设施等于铺设了生产线,既可以满足学术科研的需要,也可以满足我们创业公司的需求。"谭验的这番话,恰恰为更多企业的创新发展提供了一个可以复制的绝佳思路。

4. 深圳物联网产业发展迅猛

随着人工智能、大数据、5G 的发展,物联网技术本身也出现了颠覆性的更新。它让工业、医疗、交通、物流等行业更加高效和智能,对很多行业都产生了深远的影响。物联网被称为继计算机、互联网之后世界信息产业发展的第三次浪潮。

中商产业研究院公布的《2019 年物联网产业链前景研究报告》指出:"物联网作为全新的连接方式,呈现突飞猛进的发展态势。据了解,2018年全球物联网设备已经达到 70 亿台;预计到 2020 年,活跃的物联网设备将增加到 100 亿台,到 2025 年将增加到 220 亿台。全球物联网产业规模由 2008 年的 500 亿美元增长至 2018 年的近 1510 亿美元。在中国,物联网的大规模应用与新一轮科技与产业变革融合发展。预计 2025 年,中国物联网连接数将达到 53.8 亿台。"前瞻产业研究院预计,到 2022 年全国物联网产业规模将接近 72376 亿元。中国有望成为全球最大的物联网连接市场。

概括地说,物联网就是将智能传感器、计算机识别技术以及通信技术与网络联接，无须人工干预，通过物与物之间的连接协作来完成某项具体任务。物联网的核心观念是让物品具备"智慧"和"感知"能力，与之对应的设备是嵌入式处理器和传感器，嵌入式处理器主要适应物联网的特性，有体积小、功耗低、可定制、集成度高等性能。物联网产业链分为上游感知、中游传输、下游应用三个部分，上游主要技术和设备包括芯片、射频识别、全球定位系统、北斗技术等；中游传输包括用于有线传输的设备及无线传输的主要技术和设备；下游应用的主要技术是大数据、云计算、云存储、用户分享、各行业应用技术。

《2017 深圳市物联网产业现状市场研究报告》显示，通过企查查数据，2017 年全国物联网业务相关的企业大约有 73000 家，其中，广东省的物联网企业数量超过 26000 家，良好的软硬件产业基础给物联网产业的发展提供了重要的支撑。深圳市物联网相关的企业数量达到 11000 家，庞大企业的数量显示出深圳物联网产业的朝气。

深圳有完整的物联网产业链以及相应的服务配套产业，在感知、传输、平台、应用、科研、服务等全产业链都有龙头企业引领行业的发展。在上游感知层面，深圳的传感器相关企业数量众多，但是传感器品牌效应比较薄弱。这也是国内整个传感器产业的现状。尤其是高端传感器产品，主要依赖进口。在射频识别产业，深圳有多家代表性的上市公司，而且终端应用商也比较丰富完善。

在中游传输层面，深圳也有一大批优秀的通信企业，华为、中兴两大通信巨头带动深圳整个通信产业的发展，美格智能、有方科技等模组企业在国内蜂窝模组方面名列前茅。

在下游应用层面，深圳在基础设施服务层、平台服务层、软件服务层都有一批代表性企业，比如华为、联想、腾讯等巨头在基础设施服务层有广泛的布局，而智物联、敢为软件等创新企业也各具特色。在行业应用方面，深圳地区物联网项目正呈快速发展的态势，智能制造、智慧城市、车联网是目前几大最具代表性的应用。比如，达实智能基于自主研发的物联网平台、系统和终端产品，为智慧医疗、智慧建筑、智慧交通等智慧城市细分领域提供城市物联网服务。

物联网是一个以固态感知为硬件基础、技术与产品多样化发展的综合生态系统，需要产业链的上下游紧密配合才能形成高效的解决方案，因此，物联网产业协会组织呼之欲出。2018 年 6 月，中国移动、广和通、高新兴物联、航天华拓、中集智能、豪恩安全、智物联、信为科技、日海智能、大族激光、物联传媒、中兴视通、博思得科技等数十家单位联合发起成立深圳市物联网产业协会，并组织专门人员开展协会的筹建工作。

2019 年 9 月 16 日，深圳市物联网产业协会筹备成立大会暨第一届会员大会第一次会议在深圳湾万怡酒店举行。该协会是具有独立法人资格的非营利性民间社团组织，是服务于物联网产业、企业和政府的行业性机构，也是深圳市首家市级物联网产业协会。协会成立伊始，入会企业已经达到 152 家，基本覆盖了粤港澳大湾区内的优秀物联网企业。

未来几年，物联网产业将如何发展? 过去，深圳物联网企业参与智慧城市、智慧交通、农业物联网、智慧医疗等应用领域项目比较多，这些领域大多是依靠政府政策主导的，政府项目占物联网应用的主导地位。2020 年春天，国家陆续出台了"新基建"相关政策，物联网是"新基建"的重要组成部分，也是受益最多的领域，势必为物联网及其相关产业带来新的发展机遇。同时，随着 5G 通信技术逐渐普及，各种新型消费模式会大量涌现，激发更多的用户需求。尤其在对抗疫情期间，"非接触式"交易和服务新业态异军突起，意味着物联网技术在民生领域还将有巨大的应用空间。

【案例链接 5 】

持续创新，助推物联

深圳市远望谷信息技术股份有限公司（以下简称"远望谷"）是中国物联网产业的代表企业，全球领先的射频识别技术、产品和解决方案供应商。远望谷创业团队自 1993 年起就致力于射频识别（RFID）技术和产品研发，借助建设中国铁路车号自动识别系统，开创了国内射频识别产品规模化应用的先河。1999 年，远望谷在深圳蛇口正式注册。

远望谷研发出完全拥有自主知识产权的第一代货车电子标签专用芯片。这颗"中国芯"迫使美国企业把原来售价 150 多美元的货车电子标签降价到 20 多美元并让远望谷持有立足中国铁路市场的定海神针。

从自主研发货车电子标签起步，远望谷研制出系列射频识别产品，包括读写器、手持机、电子标签、天线及衍生产品，在铁路、图书馆、零售等行业具有技术领先和市场先入优势，为多个领域提供了高性能的产品及解决方案。

历史机遇现，技术报国心

时间追溯到 20 世纪八九十年代，以信息技术改造中国铁路传统技术和作业方式的需求迅速升级，铁路运输管理信息系统进入大布局、大建设、大应用阶段。与之相对应的是，7 万公里铁路线上的货车运行得不到有效的管控。全国铁路有 3 万名车号员，不管白天黑夜、风霜雨雪、春夏

图 3-27 远望谷高管合影

秋冬，奔波在铁路车站货场，靠传统作业方式先抄录每辆车的编号，然后通过人工逐级上报到运输管理部门。传统作业模式劳动强度大、作业效率低、差错率高的问题始终无法解决。图像识别、声表面波技术、红外线技术……都无法适应铁路恶劣的工作环境和全天候的工作条件，直到落实到射频识别技术，才有了一个好的开始。但在当时，美国单个射频识别电子标签的报价高达 150 美元以上。

1993 年，几个怀揣远大理想的年轻人开始了创业，集满腔热血研发铁路车号自动识别系统产品。此时，他们心中只有一个梦想：如果能研制出这一急需的产品，能解决铁路运输管理难题，将是多么荣耀啊！

他们用老旧的荧光屏示波器替代数字逻辑分析仪读取分析信号数据，多方向探索射频信号传输的解决方案。从有源的第一代电子标签到无源的电子标签，从单向的射频接收器到双向的发射接收设备，以及难度最高的收发隔离技术，从通用集成电路芯片搭造的数据处理器到可以实际应用的专用集成电路芯片，历经八年的面壁努力，远望谷创业团队克服了经费少、条件差、底子薄、技术缺的各种困境，终于成功研制具有完全自主知识产权、全国产化、能与美国同类产品技术兼容的铁路车号自动识别系统产品——微波射频识别系统。

2000 年，铁道部投资 4 亿多元实施铁路车号自动识别系统工程，为全国铁路 40 万辆货车、1 万多台机车安装电子标签，在全国铁路主要大站、编组站安装 2000 套地面识别设备。工程一年建设完成并投入使用，创造了世界奇迹，产生了巨大的社会和经济效益，铁路车号自动识别系统提高列车正点率 30%，使中国铁路现车管理一跃跨入世界先进水平。

持续创新，助推铁路物联网发展

远望谷最早设计的铁路车号自动识别系统主要是针对货车运输管理，适应车速是 120 公里 / 小时。随着我国铁路提速运行，客车运行速度已经超过 160 公里 / 小时。远望谷将电子标签专用芯片进行技术升级，可适应车速达到 200 公里 / 小时以上，还考虑到客、货车车号识别系统的相互兼容，研制开发了适应两种标签数据格式的地面识别设备。该系统于 2015 年全面推广。高铁成功运行后，铁路动车组运行速度达到 380 公里 / 小时以上，远望谷人不辱使命，及时研制出了适应 400 公里 / 小时的车号识别系统，及时满足了铁路技术的发展需求。

远望谷依托射频识别核心技术及解决方案的优势，以支撑铁路信息化建设为己任，围绕我国铁路深度需求展开产品研发。先后研发出了一系列铁路运输设备检测管理产品和解决方案：基于红外线轴温探测设备的配套车号识别装置——智能跟踪装置，提升铁路红外线轴温探测设备判别故障车辆的准确性；基于 RFID 技术，带有空气压力测量、应变力测量、温度测量等功能的专用电子标签，可应用于铁路各种安全监测，更好地保障铁路运输安全；用电子标签对铁路运输海量的零部件生命周期进行管理和标识，提升铁路管理水平、降低成本。远望谷自 2009 年就开始研发基于铁路运输设备零部件的信息管理系统，在重要的零部件加装射频识别电子标签，该部件从制造、流通、使用、维修、资产管理等环节可实现全程追溯管理。远望谷为此研制了各类不同应用的电子标签，如车辆轮对专用标签、轴承专用标签、转向架专用标签等，这些专用标签都经历了多年的现场应用测试和考验，随时可以批量推广。

图 3-28 科研人员在 EMS 三米法微波暗室进行测试

在物联网时代，对每个物体加装电子标签可结合互联网构成物物相连的物联网世界。远望谷人持续创新，助推铁路物联网的发展。

勇于引领"书联网"潮流

据统计，全球有至少 100 万家图书馆，采用射频识别技术实现图书馆智能化管理可打开另一个海量的应用市场。远望谷自 2005 年开始进军图书馆射频识别应用领域，并且是在图书馆行业推广具有自主知识产权的超高射频识别产品。

为了增强图书馆行业对射频识别技术的认知，远望谷于 2009 年策划了"十年远望·谷舞中国——远望谷 RFID 中国行"大型市场推广活动。借助远望谷创立十周年及 2007 年成功上市后的资本实力，利用"大篷车"在全国多地现场推介射频识别在图书馆行业的应用方案。该活动在全国 13 个省市巡回路演，走访了 20 多个城市的图书馆用户，历时 3 个月，行程近 2 万公里，极大提升了射频识别技术在国内图书馆行业的认知度，也奠定了 RFID 产业在图书馆行业的发展基础。

远望谷始终坚持超高频射频识别技术在图书馆行业的应用推广，在研发的过程中不断实现创新。2005 年时，图书电子标签的敷胶工艺靠人工来完成，每枚图书电子标签的人工成本在 2.5 元以上，以至于超高频的图书电子标签成本单价在 5 元以上。人工生产的图书电子标签存在一致性差、质量不稳定的缺点。远望谷利用国际最先进的标签层合设备，进行生产工艺创新开发，首次在国内实现了超高频图书电子标签的自动化生产。自动层合生产的超高频图书电子标签一致性好、质量稳定、可海量生产，生产成本大幅降低，单价从 5 元降至 1 元以下。

以内生方式拓展图书馆行业电子标签市场的同时，远望谷也借助资本平台的优势进行外延式市场拓展。Forum Energy Technologies Pty Ltd（简称 FET）是澳大利亚最大的图书馆 RFID 解决方案供应商，具有良好的业界声誉、丰富的客户资源和稳定的产品，大洋洲 RFID 图书馆市场占有率最高，并且在东南亚同样具有良好的市场基础。FET 与远望谷在产品、市场、客户等方面优势互补，收购 FET 对远望谷图书馆业务的发展有积极的作用，可以改变全球射频识别图书馆市场的竞争格局。

因此，远望谷在 2014 年积极推进收购事项，历时 8 个月成功收购。之后，远望谷一跃成为亚洲和大洋洲市场占有率均居首位的图书馆射频识别解决方案供应商。在充分尊重文化差异的前提下，远望谷整合两个团队在研发、供应链、市场端的战略步骤，提升了远望谷在射频识别图书馆市场的竞争力。

远望谷首创超高频射频识别智能图书馆解决方案。基于物联网、大数据和运营软件构架的图书馆管理服务云平台，真正实现书书互联，知识无界。

5G 时代，助推物联

根据智研咨询发布的《2019—2025 年中国物联网行业市场竞争格局及未来发展趋势报告》显示，预测 2020 年全球物联网市场规模将达 1.9 万亿美元。预计 2020 年，中国物联网的整体规模将达到 2 万亿元。根据产业链层级划分，物联网产业可分为支撑层、感知层、传输层、平台层、应用层五个层级。到 2019 年年底，中国已经成为全球最大的物联网市场，而参与物联网感知层、传输层的厂商众多，成为该产业竞争激烈的一个领域。

远望谷主营业务集中在物联网感知层和应用层，以持续创新作为引领行业发展的制胜法宝，为多个行业提供基于射频识别技术的系统解决方案、产品和服务。在远望谷董事长陈光珠看来，如果不舍得投入技术研发，企业发展就缺乏后劲，因此远望谷对研发投入不遗余力，长期开展产学研合作。2019 年，远望谷研发费用投入占主营业务收入的 10.05%，研发人员占公司员工 50% 以上。远望谷还设立了深圳市射频识别工程技术研究开发中心、基于射频识别技术的物联网应用工程实验室、企业博士后科研工作站。远望谷投资 2000 余万元建设了射频设备检测实验室，并取得中国合格评定国家认可委员会（CNAS）颁发的资质认证，还投资 1500 万元建设了国内首个射频识别产品动态性能测试中心。远望谷与西安电子科技大学合作，在西安设立远望谷物联网研究院，聚焦物联网前沿技术的研发与储备。

截至 2020 年年初，远望谷共有专利 446 项，含发明专利 109 项；软

图 3-29 远望谷参加第十二届国际物联网博览会

件著作权 200 项，参与编写行业标准近 30 项、国家标准 5 项。远望谷是国内少数拥有完整产品链的公司，包括自主研发的射频识别芯片、电子标签、天线、读写器、手持设备达 100 多种产品，以及逐步完善的远望谷云平台，并开发了针对不同行业应用的解决方案。

2020 年 1 月，远望谷入选"南山 50"指数，该指数综合考察企业市值规模、行业代表性与创新影响力，指数的行业特征明显、可投资性强，为深圳乃至全国科技创新企业树立了样本标杆，为投资者分享区域和产业发展成果提供了优质标的，对深圳发挥科技创新优势，引领建设先行示范区具有重要意义。

凭借持续创新和对垂直行业的深刻理解，远望谷团队积极把握消费升级与传统企业数字化转型升级的发展机遇，又以服饰生产与销售领域为切入点，提供智能生产、智能供应链与智慧门店整体解决方案，打造了业内众多经典案例，引领行业数字化转型。在零售领域，远望谷研发的 RFID+多感知融合技术助力天虹集团打造出深圳首家无人值守便利店——Well Go，以及零售新物种——全球 in 选；联合供销大集集团打造海南首家无人便利店——酷铺 CCOOP，实现无人门店解决方案的迭代与升级。在零售服饰领域，远望谷研发单品级零售供应链与门店管理物联网应用解决方案，着力于智慧仓储、智慧物流与智慧门店的数字化运营，已在以海澜之家为代表的诸多大型服装企业成功落地实施，帮助服装品牌商提升物流供应链效率，降低营运成本，改善客户体验，助力企业创新商业模式、挖掘商业价值、实现数字化转型升级。

据研究机构预测，到 2025 年我国 5G 的投资累计将达到万亿元，并将带动产业链以及各垂直领域的投资超过 3 万亿元。5G 不仅仅是数据传输速度上的提升，还将带来更高的移动数据带宽和容量，处理日益增长的无线数据流量，为无人驾驶汽车、机器人、工业互联网、远程医疗等领域的规模化应用提供了支持。因此，陈光珠十分看好 5G 技术给物联网产业带来的巨大商机。

她说："5G 的建设和发展离不开感知技术，对射频识别技术是一项巨大的利好。围绕'RFID+'的技术与产品定位，融合多感知物联网、AI、云计算、大数据等技术，积极进行战略布局，借助 5G 通信技术和国家重点部署'新基建项目'的东风，相信深圳企业会跨越到更高的高度。"

亮点示范

技术创新重塑产业生态

"质量控制"是酒店、医院等单位极为重视，但在日常传统洗涤模式和流程中存在不能完全兼顾布草洗涤质量的顾虑。这个痼疾将因物联网技术的迅猛发展有望得到彻底解决。

在万物互联时代，每件布草被赋予唯一的电子身份标签，在每个关键节点布置读取设备，帮助客户在整个洗涤环节快速盘点和快速分拣。

通过远望谷提供的解决方案，若洗涤物达到最大的洗涤次数，设备将自动报警，提示将其报废；若发现洗涤物未洗干净，将其放入另一个装有读写设备的传送带，重洗信息也将被记录。智能的布草解决方案获得全球应用，已为用户带来收益：日损耗可节约 20%—40%，货物缺少或闲置减少 99%，收发货、清关效率提升 300% 以上，采购准确与及时性提高 50%，年度周转次数提升 3—5 倍，人力成本减少 10%—20%，报废准确率提升至 99%，洗涤次数可追溯性达 100%，需求及时性达

100%。由此可见，技术创新不仅带来洗涤效率的显著提高，也为用户带来极佳的体验。

同样，档案管理、酒类防伪、烟草防伪、畜牧养殖及肉品溯源、资产追踪等业务，也可以采用电子身份标识提升管理水平。过去存在的定位难、追踪难、无从溯源的难题全部迎刃而解，一切都变得有据可查。

我国作为全球最大的工业生产国，庞大的消费市场为未来射频识别产业的快速发展提供极好的机会。在未来万物互联的物联网时代，RFID 将会是助力企业实现数字化转型升级的必需品。

5. 深圳新材料产业勇当"领头羊"

中国百强研究院在 2019 年 1 月发布了《中国新材料产业分析报告》，指出深圳新材料产业"黑马"频出，大批创新型中小企业覆盖众多领域。目前，深圳在电子信息材料、新能源材料、生物材料、功能材料等方面具有一定优势。

中国百强研究院发布的《百强观察：2018 年深圳市新材料产业报告》指出，2017 年深圳新材料产业规模达 1968 亿元，预计 2020 年深圳新材料产业规模将达 2950 亿元。这份研究报告指出，深圳将重点支持新材料支撑领域（电子信息材料、新能源材料、生物材料）、优势领域（新型功能材料、功能结构一体化材料）、新兴领域（超材料、纳米材料、超导材料等）的研发及产业化项目。

深圳新型功能材料产业规模较大，电子信息材料、结构功能一体化材料、新能源材料依托深圳良好的产业基础稳步发展，生物材料、纳米材料产业虽然规模较小，但附加值较高。

从区域分布看，深圳市南山区是高科技产业重镇。2017 年，南山区内共有新材料企业 525 家；先进储能材料国家工程研究中心、新型储能系统技术公共技术服务平台相继落户南山。发展较好的新材料领域包括特种玻璃、平板显示材料、新能源材料、高分子材料、医疗器械材料、生物材料、特种光纤光缆等，代表性企业包括星源材质、新纶科技、清溢光电、昊天龙邦、拓日新能源、德方纳米、深圳光启高等理工研究院等。

龙岗区是深圳市的工业大区和产业强区，培育了比亚迪、富士康、信义玻璃、通产丽星、维达力等一批具有核心竞争力和世界知名品牌的新材料企业，区内二次电池产业产值占全市该领域产值的 80% 以上。

宝安区十分重视新材料产业。截至 2017 年年底，宝安区新材料企业超过 1052 家，产值过亿元的企业 29 家；拥有新材料领域市级工程技术研究开发中心 12 个、公共技术服务平台 6 个；具有自主知识产权的新材料相关专利 3628 件。发展较好的新材料领域包括电子信息材料、先进高分子材料、新能源材料等。

值得关注的是，深圳先进电子材料国际创新研究院（以下简称"电子材料院"）2019 年 5 月在深圳先进院揭牌。电子材料院选址宝安区，并与宝安区人民政府合作共建。该研究院的建设，将为深圳新材料产业增加一支实力雄厚的"国家队"。

电子材料院计划建成电子级微纳米材料合成中试线、复合材料制备工艺中试线、晶圆级互连加工验证平台和电子材料综合分析测试平台。2020 年，将完成 5 条中试线和测试验证平台建设，可加快实现"基础原材料研发—实验室样品开发—芯片测试—可靠性反馈"全链条的响应，大大缩短基础研究到产业应用的时间。该研究院将有力推动宝安区提高基础研究水平，放大宝安电子信息产业的核心优势，为深圳乃至粤港澳大湾区的科技产业发展发挥最佳的产学研一体化的桥梁作用。

2019 年 5 月中旬，哈尔滨工业大学（深圳）组织举办了"首届哈工大（深圳）—港澳高校材料学科教学科研论坛"。来自粤港澳地区的 13 所高校和研究机构的近百名青年骨干教师和学生代表同聚深圳，共谋新时代背景下新材料学科的新发展路径。哈尔滨工业大学（深圳）组建了"柔性可穿戴电子器件中的关键材料研发"团队和"材料基因工程"团队，初步形成了"大师＋团队"的师资队伍格局。同时，建立了 2 个国家级重点实验室、2 个省部级重点实验室、6 个市级平台及 3 个校级平台，未来将全面链接全球科技资源，建设国际一流的材料科学研究基地。

在新一轮科技革命和产业变革的大趋势下，全球新材料产业格局发生重大调整。新材料与信息、能源、生物等产业加速融合，"互联网＋"、材料基因组计划、增材制造等新技术新模式蓬勃兴起。新材料创新步伐持续加快，国际竞争日趋激烈。在此大背景下，全球 20 多个主要国家纷纷制定了与新材料相关的产业发展战略，启动了 100 多项专项计划，大力促进本国新材料产业的发展。相对而言，我国新材料产业起步晚、底子薄，材料先行战略没有得到落实，核心技术与专用装备水平相对落后，关键材料保障能力不足，整体仍处于培育阶段。

深圳瑞华泰薄膜科技股份有限公司打破美日企业在聚酰亚胺先进高分子材料长达 40 多年的垄断，突破多项化学合成和工程技术难点，参与新市场竞争，获得中国制造的席位，已成为国内外业界主流厂商的供应商，也是我国聚酰亚胺薄膜材料领域的领跑者。该公司总经理汤昌丹说："国家设立新材料产业领导小组，但新材料产业界定还不清晰，产业受制传统行业和标准，优惠和资助政策没有落在新材料产业发展的痛点上。因为新材料发展周期长，系统工程、特质装备、原材料配套能力等要求甚高，说明有市场或有国家战略需求。如果我们自己造不出来就更受制于人，机遇和市场价值都给了别人，还要看别人的脸色。"

新材料领域的先进电子材料尤为重要，是发展信息产业的基础。2019年，第一届粤港澳大湾区先进电子材料高峰论坛在宝安举行。中国工程院原副院长、国家新材料战略咨询委员会专家组组长干勇院士，发表了题为《建立粤港澳大湾区电子信息材料技术创新体系，支撑制造业强国建设》的主题演讲。他表示，我国先进电子材料发展的挑战要在深圳实现"突围"，深圳是全国最大的电子信息产业基地，地域优势凸显。深圳要依托深圳先进研究院，建立粤港澳大湾区电子信息材料技术创新体系，运用好深圳市的实体产业优势，完善粤港澳大湾区优势互补、协同发展的战略布局。

我国新材料产业需要涌现更多的优秀产品打破洋品牌的垄断。一方面，产业界需要积极布局，迎难而上，尤其是新材料创业者要有足够的耐力和韧性，坚持从事新材料的创新工作；另一方面，国家新材料政策也要与时俱进，针对新材料产业发展的痛点出台扶持政策，并加大对新材料企业的政策支持力度，同时加大对国外高端人才的引进。

【案例链接 6】

研制平板芯片"底片"的工匠

　　深圳清溢光电股份有限公司（以下简称"清溢光电"）成立于 1997 年，由著名爱国实业家、全国政协原常委、香港工业总会名誉主席唐翔千先生投资创办。公司主要从事掩模版的研发、设计、生产和销售业务，是国内成立最早、规模最大的掩模版生产企业之一。公司产品主要应用于平板显示、半导体芯片、触控屏、电路板等行业。

　　"掩模版是下游行业产品制造中的'底片'，是转移图形用的高精密材料，是承载图形设计、工艺技术等知识产权信息的载体。掩模版的精度决定了平板显示和半导体芯片等相关产品的精度，因此对研发技术和产品品质要求都非常高。"唐英年先生说，"作为中国内地最早的掩模版生产商，清溢光电通过不断进行研发投入和产品创新，形成了完全自主的核心技术和人才团队，多年来一直处于电子信息等行业用掩模版的国内领先地位，产品多次填补国内空白。经过 20 多年摸索与积累，清溢光电已成为国内成立最早、规模最大、技术最先进的专业制作高精度掩模版和相关精密设备的国家高新技术企业之一。"

　　2018 年 3 月，清溢光电荣获中国电子材料行业协会、中国光学光电子行业协会液晶分会联合授予的"中国新型显示产业链发展贡献奖之特殊贡献奖（2017 年度）"。2019 年 7 月，公司自主研发并产业化的 5.5 代有机发光显示器（AMOLED）用掩模版在 2019 国际显示博览会上荣获"迪斯

图 3-30 清溢光电获得 2017 年度中国新型显示产业链发展贡献奖之特殊贡献奖

普大奖——显示产业链贡献"奖项。2019 年 11 月 20 日，清溢光电登陆科创板，这个电子信息产业新材料领域的领跑者又成为资本市场上的一颗明星。

爱国实业家投资掩模版生产企业

唐翔千先生是香港商界巨子，也是改革开放后最早到内地投资实业的香港爱国商人，是创建合资企业的工商界先驱。唐英年先生曾表示："我父亲秉承唐家祖训，常怀着产业报国的理念，希望能为国家出一份微薄之力。还记得 1997 年在北京，家父与清华大学的张百哲老师经过一番畅谈后，了解到当时内地还没有生产掩模版的企业，严重制约了国内相关产业的发展，家父当场答应张老师的提议。同年，与北京清华液晶技术工程研究中心等机构在深圳合资创办了清溢光电。"该公司专门从事掩模版的研发和生产，始终坚持自主创新。

　　电子信息产业是我国国民经济和社会发展的战略性、基础性、先导性产业，掩模版则是电子信息产业不可缺少的重要组成部分。掩模版的功能类似于胶卷的"底片"。掩模版厂商根据客户所需要的图形，通过光刻制版工艺，将微米级和纳米级的精细图案刻制于掩模版基板上，然后将不需要的金属层和胶层溶解。经过清洗检测后，制作成掩模版成品。由于它隐藏于平板显示产业、半导体行业的上游，鲜为消费者所知，但是掩模版又能用于下游电子元器件制造业批量生产，是下游行业生产流程的关键工具，决定下游产品的精度和质量。

　　随着全球电子产业链重心向国内转移升级，国内的电子元器件行业发展迅速，掩模版研制对未来光电行业发展十分重要。之前，由于掩模版生产投资巨大、技术含量高，国内没有一家企业可以实现全国产化，以至于

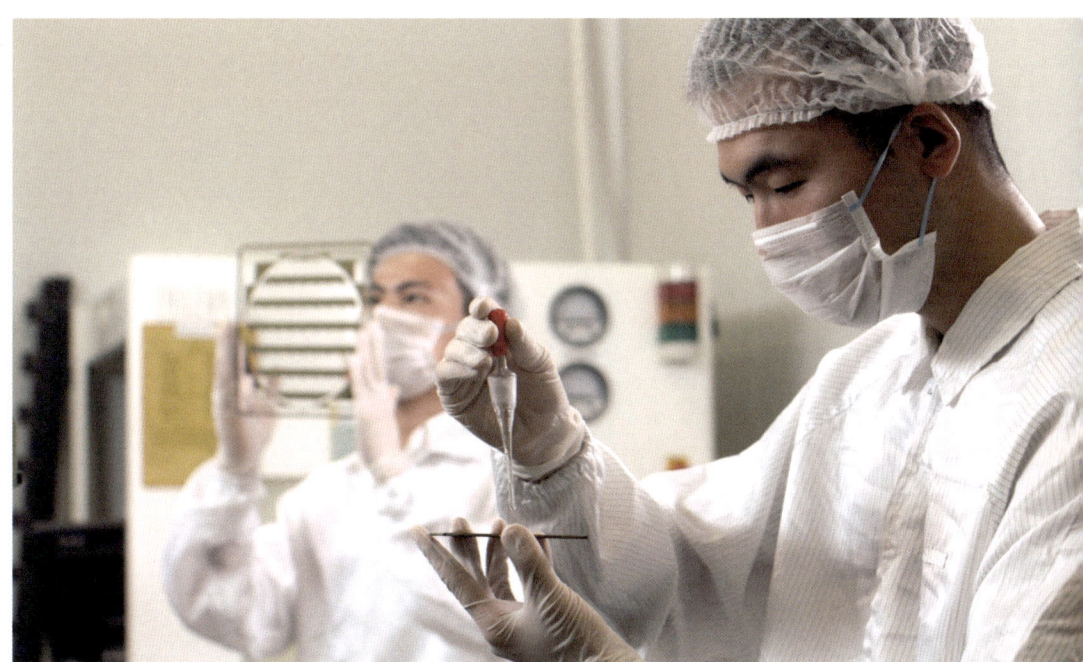

图 3-31　科研人员在设备实验室进行检测

掩模版产业长期被发达国家垄断。如果国内没有自主研发的掩模版产业，那么势必导致电子信息产业的上游受制于人。

顶住两次大亏损壮大成龙头，续写龙头传奇

掩模版研发和生产属于资金和技术双密集型的行业，生产设备投资超过 1 亿元。在创业早期，由于清溢光电的产品定位比较超前，产品尚未得到客户的广泛认可，销售方面没有太大进展。

这个时候，部分股东开始动摇，研发团队也出现人员变动，只有创始人唐翔千先生认为只要技术超前，产品质量过硬，不要介意短期的亏损。因此，他承接了其他几个股东的股权，并增资到掩模版项目。这让清溢光电暂时度过了第一次资金危机。

2000 年，国内手机市场开始起步，带动清溢光电进入第一个快速增长期。清溢光电研制的掩模版打破了国外厂商的垄断，大幅度降低掩模版的使用成本，既可实现缩短交货期，又能提供完善的售后服务。清溢光电以实际行动支持民族产业，报效祖国。

2007 年，清溢光电第 5 代薄膜晶体管液晶显示器（TFT-LCD）用掩模版项目投产不久，就遭遇 2008 年全球金融海啸。当时，国内显示器面板行业刚刚起步，受影响非常大。加之海外竞争对手大幅降价，对清溢光电进行联手打压，希望把清溢光电的新项目扼杀在摇篮里。

2008 年年底，清溢光电的 TFT-LCD 用掩模版业务大幅亏损，公司资金捉襟见肘。时任市场部经理是一位从日本留学回国的高才生，他认为清溢光电进入 TFT-LCD 掩模版行业没有希望和前途，选择离职。在那个至暗时刻，仍是唐翔千先生顶住各方压力，及时安排增资，并给予公司融资担保。

一直到 2011 年，清溢光电的平板显示业务开始扭转局面，逐步进入

快速发展的轨道。同时，平板显示用掩模版项目获得国家发改委组织实施的彩电产业战略转型产业化专项资金共 1000 万元的研发支持；市发改委在配套方面也给了 300 万元的支持。这是项目能成功的重要因素。该项目在国内首条第 5 代 TFT-LCD 用掩模版生产线的基础上，进行产业规模扩大和产品升级。通过建设第 8 代大尺寸 TFT-LCD 用掩模版生产线及相关配套设施，扩大第 5 代 TFT-LCD 用掩模版产品产能。该项目的成功研发不仅实现了规模化生产，而且具备向更高代掩模版进军的技术基础，进一步推动了掩模版产品国产化进程，完善了国内平板显示产业链，打破掩模版被国外长期垄断的局面，具有重要意义。

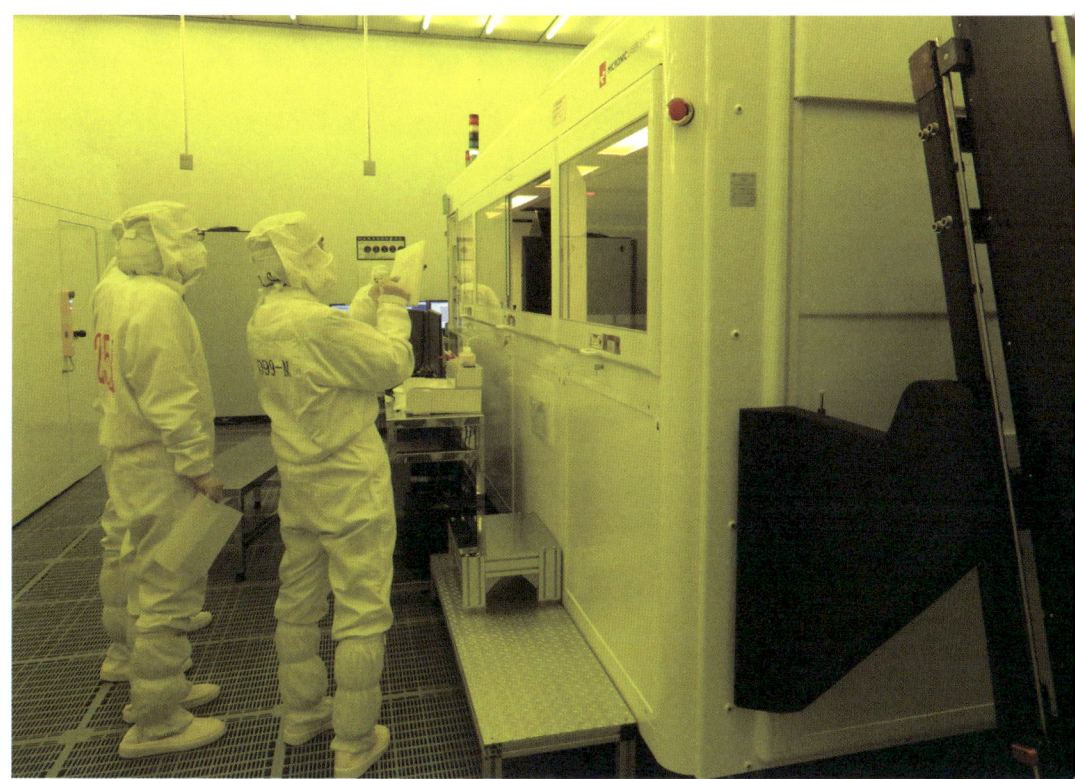

图 3-32　科研人员在生产车间

　　清溢光电行政总裁朱雪华介绍说："企业新产品在市场上还没有打开销路，得不到市场认可的时候，就会让股东和员工信心动摇，但我们公司创始人唐翔千先生总是在危急关头力排众议，给予企业大力的支持。我们承担了国家发改委批复的彩电专项，获得政府的大力支持，才会有清溢光电的今天。清溢光电推进平板显示用掩模版的国产化，直接让国内其他生产商有了更多选择，破解被国外厂家卡脖子的局面，在价格上也有竞争优势。"

承担政府多项重大科研项目

　　20 多年来，清溢光电秉持工匠精神在掩模版领域精耕细作，多次承担国家、省、市重大科研项目，为国内平板显示和半导体产业链做出重要贡献，也为公司的生产经营提供了重要的技术支撑。其中，第 5 至第 8 代 TFT-LCD 用掩模版为清溢光电目前最主要的销售产品，5.5 代 AMOLED

图 3-33 2019 年 7 月，清溢光电的 "5.5 代 AMOLED 用掩模版" 荣获 "迪斯普大奖——显示产业链贡献" 奖项

用掩模版产品是未来公司收入的重要增长点之一。

2014 年，清溢光电承担了工业和信息化部 2014 年度电子发展基金项目。在国家产业政策扶持下，通过自主研发，在解决线 / 间精度控制、总长与套合精度控制、缺陷控制、纳米级激光修补等关键技术的基础上，掌握了相关核心技术，实现 5.5 代及以下 AMOLED 用掩模版产品的研发及产业化。2016 年 10 月，清溢光电成功研制 AMOLED 用高精度掩模版，成为全球第 6 家具备该产品生产能力的商用厂家，打破了国内产品完全依赖国外进口的局面。国内平板显示企业的断货风险也得到缓解，不仅生产成本大幅下降，还有效地提高了平板显示企业的市场竞争力。

清溢光电董事长唐英敏女士表示，清溢光电生产的部分产品已经接近或达到国际一线品牌的技术性能，得到大多数客户的认可。但由于起步较晚，高端掩模版产品与国际竞争对手仍存在一定差距。比如，公司在 AMOLED 的技术储备方面相比国际竞争对手仍有所不足。清溢光电不断奋力追赶，每年在研发投入上加大力度，希望尽快缩小与国际竞争对手的差距。

广东省和深圳市的科技主管部门对清溢光电持续投入研发的企业精神给予了充分肯定和大力支持。2007 年，深圳市光掩模技术研究开发中心成立；2012 年，清溢光电获得"广东省工程技术研究开发中心"称号。在现有清溢光电大楼内，建成光掩模工艺共性工程实验基地——"深圳市光掩模材料工程实验室"。现在，清溢光电承担了深圳市 2019 年技术攻关项目——5 代多缝（Multi slit）产品关键技术研发。该项目将通过解决相关产品生产的工艺技术问题，实现 5 代多缝产品的开发和量产。

未来，随着清溢光电对大尺寸高精度掩模版涂胶项目、8.5 代高真空电子管调制器（HTM）项目和先进相移掩模（PSM）工艺项目的推进，清溢光电与国际竞争对手的差距将逐步缩小。

自主创新产品填补国内空白

清溢光电成立时，就以"打破掩模版被国外企业完全垄断"为使命，始终坚持自主研发、自主创新。

1997 年，清溢光电主导国内第一张大面积高精度掩模版的研发工作，逐步掌握掩模版生产过程中的各个技术环节，并于 1998 年研发成功，实现 TN、STN 和 CSTN 型液晶显示产业的掩模版国产化。清溢光电坚持量产一代、研发一代、规划一代的方式，持续推动科技成果与产业深度融合，使清溢光电产品水平基本与国际主流厂商一致。

目前，清溢光电近 72% 的业务收入来自平板显示行业，另有近 12% 的业务来自半导体行业。随着国内半导体芯片产业迅猛发展，后一板块必将呈现增长趋势。《国家集成电路产业发展推进纲要》列明，集成电路产业是新一代信息技术产业的核心，是支撑经济社会发展和保障国家安全的战略性、基础性和先导性产业。与半导体芯片行业配套的掩模版行业也涌现出诸多新技术，如超高精度晶圆用掩模版、高精度微机电系统（MEMS）用掩模版、高精度晶圆级封装用掩模版、高精度封装 (SIP) 用掩模版等先进的工艺技术。

成功登陆科创板再出发

对于清溢光电来说，2019 年是一个不平凡的年份。2019 年年初，合肥清溢光电有限公司高精度掩模版项目宣布奠基，标志着企业产能的扩大和向高端产品进军；同年 11 月，成功登陆科创板上市，取得募集资金，用于合肥募投项目，给予公司快速扩大产能的机会。由过去的内延式发展模式转变为内延与外延相结合的发展模式，企业发展进入了一个新的阶段。

随着国内 AMOLED、掩模版生产线的持续建设，国内外掩模版需求不断升温。作为国内掩模版领域的领军企业，清溢光电在扩增产能方面迈出了重要的一步，位于合肥新站区的新生产基地于 2019 年 1 月正式启动建设。

高精度掩模版项目产品定位在高端 AMOLED 及低温多晶硅（LTPS）用掩模版，项目一期投资 7.36 亿元人民币。满产后，年产高精度掩模版约 2000 张，将助力合肥显示产业集群的建设，完善合肥显示行业产业链，对打造新型显示产业配套基地具有重要的战略意义。唐英年先生在合肥清溢奠基仪式上亦提出："我们选择在新站区落户，契合了合肥市打造完整

图 3-34 2019 年 11 月 20 日，清溢光电成功登陆科创板

平板显示产业链的战略规划。"

　　清溢光电在掩模版行业持续创新，成功实现了进口替代。2019年11月20日清溢光电在上交所科创板上市，成为全国第55家科创板上市企业、深圳南山区第4家科创板上市企业，也是第一家在科创板上市的港人港资企业。

　　唐英年先生很高兴地说："清溢光电在6个月内完成整个上市过程并成功登陆科创板，充分体现了国家对科创型实体企业的重视和关怀，彰显了科创板的优势。清溢光电将借助资本市场的力量进一步提升公司竞争力，开启企业发展新的里程。未来公司将定位半导体芯片掩模版和高端平板显示掩模版的研制，精益求精，不断创新，力争在3年内将清溢光电建设成为全球掩模版行业中产能规模较大、市场占有率较高、营业收入与利润增长较快的行业领先者。"

　　小小掩模版产业实现国产化的背后，饱含了一颗爱国港人实业报国的赤子之心，更是港人与内地企业紧密协作、共同谱写创新创业之歌的明证。

带动产业链全面国产化

　　清溢光电20多年的发展史，实际也是一部民族品牌打破进口垄断、实现国产化的创业史。在这一高端新材料全面实现产能的过程中，还有不少国内一些民族企业抱团前行的感人插曲。

　　一方面，清溢光电积极配合产业链上游厂商实现掩模版基板国产化。掩模版上游主要的原材料为掩模版基板，它的质量对掩模版产品的最终品质具有重大影响。因此，掩模版企业从降低原材料采购成本和保证终端产品质量出发，陆续向上游产业链延伸，找寻可以有效降低原材料的采购成本和提升掩模版产品质量的方法。清溢光电十多年前就与湖南普照信息材料有限公司开始了深度合作，该公司的苏打掩基版已全面实现国产化；湖北菲利华石英玻璃股份有限公司也得到清溢光电的大力支持，后来成为国内为数不多的可以生产石英掩基板的企业。清溢光电作为平板显示产业链的配套企业，积极配合上游掩模基板制造商的研发和生产活动，加快掩模基板全面实现国产化。

另一方面，清溢光电向产业链上游涂胶工序拓展业务。早在近 20 年前，清溢光电就委派核心技术人员赴发达国家的科技公司学习，对中小尺寸掩模基板的涂胶工艺有了深入的了解和储备。目前，清溢光电已规划 8.5 代掩模版涂胶项目，项目处于前期可行性调研阶段。

在深圳南山区的清溢光电无尘生产车间，财务总裁吴克强指着一台光刻机告诉记者："这类设备最便宜的也要上亿元，而最贵的一个型号高达 3 亿多元，我们所在行业对主要生产设备要求很高，全球仅有少数几个厂商能够生产相关设备，因而价格昂贵。清溢光电通过自主研发、更新、改造，以较低成本成功研制了高精度大尺寸测量仪、激光化学气相淀积修补设备、关键尺寸测量机、贴膜机等掩模版关键配套设备，有效降低了设备投入成本。"同时，清溢光电研发的等离子显示器壁障修补机、薄膜晶体管面板修补设备、薄膜晶体管面板检查设备等平板显示配套设备，亦取得客户的认可，可在下游客户的研发试验及生产制造中作为配套设备使用，有效降低了客户的生产成本。

我国正处于从投资拉动转向创新驱动的经济转型期，进口替代成为近期以及未来科技进步和工业发展的主要方向。清溢光电立足于掩模版产业的国产化和高端化需要，带动产业链的全面国产化。随着国内平板显示和半导体产业快速发展，清溢光电不断增加产能，公司不断加大研发投入，布局高端掩模版生产工艺、配套建设高端掩模版生产线，产品结构向高精度的高端掩模版渗透，争夺并提升高端掩模版产品的市场份额。

【案例链接 7 】

双剑合璧打开纳米银线产业宝藏

深圳市华科创智技术有限公司（以下简称"华科创智"）成立于2014年9月，是一家集研发、生产、销售、服务为一体的国家级高新技术企业，也是一家拥有自主终端品牌的独角兽企业。公司全力打造纳米银线透明电极产业链，实现涵盖纳米银线墨水合成、涂布、大规模工程应用、智慧终端的全产业链布局，引领并推动产业协同发展。

华科创智汇聚全球顶尖材料学、化学专家学者，以院士、博士、硕士为主的研发人员及技术人员占比高达40%，在深圳龙岗及江苏宿迁拥有53000平方米的研发及生产基地。

华科创智成立之初只有员工10个人，现已发展成拥有500名员工、年销售额接近10亿元的纳米银线产业独角兽企业，形成材料、部件、代工、整机四位一体的战略布局。2019年获评"深圳创新企业70强"。

华科创智掌门人喻东旭，曾在联想、比亚迪工作多年，拥有丰富的市场营销、研发管理、生产管理等经验，与拥有纳米银线材料核心技术的香港科技大学温维佳教授一见如故，两人带领各自的团队联合创办了华科创智，携手打开纳米银线产业的宝藏。

纳米银线是替代氧化铟锡的最佳材料之一，可广泛应用于大尺寸触控及柔性触控领域，对我国显示面板产业发展、柔性有机电激光显示产业升级至关重要，既是国家重点发展，也是粤港澳大湾区重点支持的战略性新兴产业。

深圳创业者巧遇香港教授

2014 年 8 月，喻东旭遇到了香港科技大学温维佳教授。温教授是国际巨电流变液发明的第一人，国际知名的材料专家，他设计和制备的巨电流变液成果已应用于各国际研究机构及众多国际企业，在全球范围享有美誉。

温维佳教授也在寻找项目合作伙伴，他向喻东旭展示了纳米银线透明导电薄膜，并介绍说："随着科技的发展，电子器件特别是平板显示必定会朝着轻薄化方向发展，大尺寸触摸屏和柔性屏的市场空间巨大。但是它们的触控材料必须要具有低阻值和柔性，氧化铟锡作为触控产品导电层已经有 30 年历史。铟金属是自然界中存储量最低的稀有金属之一，存在工艺复杂、成本高、废弃物难以回收等问题，且材料阻值高，易脆裂。这也促使科研人员开发新材料加快推进技术更新，主要包括金属网格、纳米银线、纳米碳管和石墨烯。"目前，能够实际量产、投入产业化应用的只有金属网格和纳米银线两条技术路线。相比金属网格技术工艺，纳米银线技术在工艺成熟度、成本、可弯折性等方面都更具优势。"纳米银线优异的可弯曲性是未来曲面、可折

图 3-35 温维佳教授

叠、穿戴等智能终端唯一的解决方案。"温维佳教授总结道。纳米银线是下一代触控技术的关键。

喻东旭对温维佳教授的科研成果非常感兴趣。他知道新材料产业是工业发展的先导，是战略性新兴产业的核心部分。如果这项新材料技术成果能够顺利实现产业化，必将带来电子产品的革命性变革。于是，喻东旭个人出资300万元，投资温维佳教授的项目，双方同意成立公司。

图3-36 华科创智董事长、首席执行官喻东旭

喻东旭说："我最初并不确信温教授的成果一定能够产业化，只是抱着试一试的心态。这个研发团队最初在南山区200平方米的实验室里起步，摸索纳米银线的合成生产和涂布工艺。"说来只有寥寥数语，其实过程很漫长，温维佳教授派曾西平博士等团队成员在实验室工作，纳米银线合成制备的量从50毫升到1升，再到3升、5升，一步一步放大，要做无数次试验，确保新材料性能的稳定。同时，与国内生产涂布设备的企业进行沟通，希望他们针对纳米银线这一新材料的涂布设备进行投资改造。

政府助力企业进行纳米银线产业化

2016 年春天，华科创智研制的纳米银线技术项目申报了深圳市相关科研资金。

申请书详细阐述了该项目的先进性：从产业化角度看，纳米银线的导电、透光、弯折性能较好，且可以使用涂布工艺生产透明导电膜，量产成本最低，因此产业化程度最高，是最有可能替代氧化铟锡的柔性新材料之一。纳米银线产业链的核心在于纳米银线浆料／墨水的制备及纳米银线透明导电膜的生产，前者涉及原料配方及处理工艺，后者涉及设备及工艺。

华科创智对在不同基底上制备纳米银线导电薄膜的导电性能、透光性能、柔性性能、与基底的黏附性能进行了研究。研究表明，以透明涤纶树脂为基底的纳米银线具有最好的光电性能；通过调整纳米银线导电银浆配方、修饰基膜表面和添加保护层三种方法，改进与基底黏附力差的纳米银线涤纶树脂膜；通过激光蚀刻的方法对纳米银线涤纶树脂膜实现图形化，成功用于制备不同尺寸的触控屏。

液晶显示器和触摸屏领域尚未出现能够规模量产、实现商业化的可替代材料。该项目的成功研制将极大地降低透明导电膜的生产成本，项目技术达到国际领先水平，将打破透明柔性电极高端市场被国外企业垄断的局面。

于是，深圳市与龙岗区政府给予这个创业团队高达 4000 万元的资助，并且完成"深创投"首轮融资。华科创智于 2016 年年初迁址于龙岗区宝龙工业区进行扩产。一年后，建成占地面积约 14000 平方米、具有一定规模的大尺寸电容屏生产基地。当时，华科创智是国际上第一家量产 86 寸电容触控模组的公司。

　　这些成绩的背后有鲜为人知的故事，喻东旭带领团队跨越了很多个几乎不可逾越的关口。

　　喻东旭介绍说："华科创智目前走的是垂直整合的道路，彻底把产业链打通，快捷推动产业化。如果我们只做材料合成生产部分，委托日本人做涂布，韩国人做模组，那么国内品牌商拿到的触控模组产品价格昂贵，也无法保障质量。长期以来，国内的纳米银线市场几乎被美国Cambrios公司垄断。由于其过高的价格和不成熟的触控模组生产工艺，这项技术未能在世界范围内进行大规模的触控模组量产。为了打破洋品牌的垄断，华科创智的业务从最基础的原材料纳米银线的合成生产开始，建立高效可控的生产线；并实现柔性透明电极产业化，打造全新触控显示载体；基于新材料特点与优势，开发系列化智能产品；建立科技孵化平台和新的商业模式，成为新技术产业化摇篮和人才聚集地。"

图 3-37　科研人员在触摸屏生产车间工作

建立这样一条完整的产业链，需要喻东旭团队跨过产品技术关、生产工艺关、应用推广关、资金关等难关。产品技术和工艺成熟后，如何更顺利地推广应用，也是一个很考验喻东旭的问题。

经过几年的发展，我国纳米银线上下游产业已趋于成熟。上游墨水厂家、中游透明导电膜及触摸屏厂商、下游终端品牌厂商已经形成了一条完整的产业链。在行业中，能生产出纳米银线墨水及透明导电膜的企业不少，但产业链能延伸到电容屏模组并量产供货的企业不多。目前，纳米银线电容屏生产厂家主要是四家国外企业以及国内的华科创智等。

柔性触控带给纳米银线巨大商机

随着时间的推移，智能手机、平板电脑等终端设备的发展已经非常成熟，品牌手机企业竞争非常激烈。传统氧化铟锡电极材料已经稳定应用在小尺寸的电容屏中，石墨烯和纳米银线完全取代传统材料是无法做到的，所以，一批创新的技术要将纳米银线应用在传统材料无法达成的领域，包括教学与会议触摸屏市场、智能家居等场景。这些市场应用前景非常广阔，纳米银线新材料未来的潜力巨大。

喻东旭乐观地分析，多数企业将纳米银线作为柔性电极材料，主要用于解决大尺寸屏的触控技术。伴随 5G 技术的商用化，很多终端设备需要提供人机交互的应用场景。人工智能、人机交互等新技术将改变未来产业格局，成为中国企业转型升级的动力引擎。伴随通信技术和互联网大数据的普及，大尺寸柔性触控发展趋势迅猛。纳米银线自身具备的优良特性（如高导电性、低阻抗、高透光性、极佳柔韧性、稳定性好、无摩尔纹等），不仅来源广泛，而且制作成本低廉，大大降低生产成本。因此，纳米银线被业界人士推崇为优质的替代材料。

随着纳米产品的广泛应用，我国的纳米市场规模不断扩大。截至 2018 年，全球纳米银线市场规模达到 1200 亿元，我国的纳米银线材料市场规模达到 110 亿元左右。预计到 2025 年我国的纳米银线行业的市场规模将达到 700 亿元左右。

"5G 的到来，一定会引来新一轮的换机热潮，行业订单也会暴增。由于用户不断地追求手机便携性与显示屏的最大化，柔性折叠触控显示屏将成为 5G 新品的方向，而柔性触控所具备的耐曲挠性，只有纳米银线技术可以解决。"喻东旭说。

未来柔性触控必将让纳米银线的市场潜力激活。这恰恰是投资商追捧华科创智的主要原因。

图 3-38　工人在质检车间进行检测作业

借助资本力量"野蛮生长"

2019 年年末，华科创智完成 1 亿元人民币 D 轮融资，由大湾区共同家园发展基金（以下简称"大湾区基金"）独家投资。本轮融资主要用于纳米银线基础技术研发、纳米银线电容屏开发、CPI（无色聚酰亚胺）膜材开发、可折叠触控模组开发及自主智慧终端品牌 SURWISE 的推广。公司将继续深入、扩大纳米银线产业链。

截至目前，华科创智已经连续四年完成四轮融资。2016 年，华科创智获得由深创投领投的 A 轮融资；2017 年，获得由国科瑞华领投的 B 轮融资；2018 年，获得由深创投领投的 C 轮融资；2019 年，获得大湾区基金独家投资的 D 轮融资。

D 轮融资过后，华科创智形成材料、部件、代工、整机四位一体的战略布局。

在材料端，华科创智纳米银线合成技术已处于全球领先地位。其自主研发的第五代纳米银线墨水平均直径小于 8 纳米，在导电性、透光性、弯曲性、稳定性等方面拥有绝对优势。

在部件端，华科创智超大尺寸电容屏全球首家大批量出货，从 10.1 英寸至 110 英寸全线覆盖，被业界称为大尺寸电容屏"一哥"，是该领域的"隐形冠军"。同时，华科创智还在积极布局柔性折叠触控模组业务，守卫5G 柔性触控风口。

基于纳米银线核心技术，华科创智打造拥有文化内涵的自主智慧终端品牌"SURWISE"。用美学与诗意的手法，为文化薪火相传开辟新纪元。SURWISE 覆盖纳米电容会议平板、纳米电容黑板、纳米电容教学一体机、纳米广告机等产品，服务金融、教育、医疗等垂直行业。通过整合产业链优势资源，SURWISE 品牌已推出"智慧校园""智慧医疗""智慧金融""智慧党建"等智慧解决方案，为我国构建新时期的智慧社会贡献力量。目前，SURWISE 品牌已经推出了"风""雅""颂"三个系列的会议平板，其中"风"系列及"雅"系列正在 SURWISE 京东商城及有赞微商城热卖，低于竞品 1/3 的价格掀起了电容会议平板普及风暴。

图 3-39 组装车间作业

新时代实业家的报国情怀

华科创智能在短时间内获得快速发展，喻东旭认为是"天时地利人和"的结果。他与温维佳教授的一拍即合，即为"人和"；选择深圳发展，即为"地利"；5G 时代对纳米银线技术的迫切需求，则是"天时"。

他尤其对选择深圳这个"地利"因素赞不绝口："深圳市政府行政效率高，给予企业早期发展的项目资金扶持，后来又有投资机构给我们注资，给我们很多赢得市场订单的机会，帮助新材料初创企业挖掘应用场景。比如，龙岗区政府还牵头举办了'优秀产品对接会'，每年组织我们参加高交会，给我们提供了 80 套租金便宜的人才房。这些实实在在的帮

图 3-40 组装调试全自动皮秒激光切割机

助，为企业的发展插上了翅膀。"

华科创智得到政府的扶持，获得发展的良机，他们一刻也没有忘却肩头的责任和使命。2020年年初新冠肺炎疫情暴发后，华科创智团队第一时间研讨如何利用纳米银线技术为抗疫做点什么。在春节期间，华科创智加班加点开发出5G大屏智能红外热成像测温系统、纳米银抗菌免洗洗手液、纳米银抗菌口罩等抗疫系列科技产品。如今，5G大屏智能红外热成像测温系统在深圳市多个企事业单位获得应用，帮助人群实现无接触体温测量，纳米银抗菌免洗洗手液与纳米银抗菌口罩等产品获得CE认证，已经出口欧洲。

喻东旭与温维佳教授有一个共同的梦想，就是用新材料技术报效祖国。如今，华科创智在江苏宿迁新建的大型生产基地已经投入生产，源源不断地为我国贡献纳米银线基础材料、柔性触控模组和智慧终端产品。华科创智团队志存高远，秉持"用中华之科学，开创智慧未来"的愿景，开拓了纳米银线技术的应用市场和蓝海市场。

"雄关漫道真如铁，而今迈步从头越。"随着粤港澳大湾区经济建设的提速，新材料、人工智能、生物产业等战略性新兴产业将会迎来爆发式成长。可以预见的是，华科创智将会乘着这股东风，实现企业的跨越性发展。

亮点示范

探索新材料的"出海口"，打通全产业链

在新材料领域创业常常会遭遇"两头黑"的困局，一是对上游的材料

及制造设备了解不深，二是无法对下游的应用需求进行清晰判断，存在着下游客户对替代品质量存疑的难题。另外，产业链、生产工艺、设备都不成熟，对大规模量产新材料也是一种制约。

为给纳米银线找到广阔的应用领域，避免"两头黑"，喻东旭团队奋力垂直整合，往下游延伸，寻找新材料的应用点，终于打通了全产业链，为纳米银线找到了"出海口"。

其实，华科创智早期只有两类产品，一是材料，二是部件。但在开拓市场时遇到一个现实的问题：由于自己没有做整机，终端产品出现质量问题的时候，用户会片面地追责到材料供应端让材料商有口说不清，还要承担不合理的赔偿。于是，华科创智决定自己做整机，不仅可以证明自己的材料性能，还能带来充足的现金流。

喻东旭不无自豪地说："我们 2020 年年初调整了战略规划，形成材

图 3-41 华科创智的客户接洽区充分展示出企业的精神面貌

料、部件、代工、整机四位一体的战略布局。其中，材料端将紧紧围绕纳米银线核心技术，继续保持纳米银线合成技术全球领先；部件端将继续稳固大尺寸电容屏的龙头地位，发力柔性折叠触控模组业务，守卫 5G 柔性触控风口；代工端将围绕规模现代化的生产制造基地，打造彰显全球行业最大的电子制造服务工厂的影响力；整机端将继续加大智慧终端产品研发，加大 SURWISE 品牌推广力度，致力打造出具有中国文化特色的智慧品牌。"

在新材料领域创业大多是九死一生，不论是技术难关的突破，还是资金难题的解决，都充满内忧外患。因为新材料产品的原始创新具有投入大、周期长、风险高的特点，没有长时间的持续投入，很难开发出稳定的产品。华科创智从 0 起步，做到年销售额近 10 亿元，创业过程艰苦卓绝，但对于广大新材料创业者无疑具有重要的示范意义。打通全产业链，为新材料找到"出海口"，不失为一条初创企业快速发展的佳径。当然，也需要具备两个必要条件：一是新材料本身性能过硬，品质优良；二是必须由经验丰富的企业家掌舵，让产业在市场上游刃有余地垂直拓展。

第四章

深圳创新文化
生机勃勃

SHENZHEN

XIANXING SHIFAN

CONGSHU

深圳先行示范丛书

SHENZHEN

XIANXING

SHIFAN

CONGSHU

经过 40 年的发展，深圳经济特区创造了工业化、城市化和现代化建设的世界奇迹。改革开放和锐意进取是铸就深圳奇迹的秘诀。20 世纪 90 年代以后，创新成为深圳经济增长的核心引擎，深圳培育了一大批知名科技企业，成为中国著名的创新中心，被誉为"东方硅谷"。

而这些成就的取得得益于深圳生机勃勃的创新文化。作为新兴移民城市，"来了就是深圳人"成为深圳十大观念之一，文化交融形成了城市活力，形成了鼓励创新、宽容失败的城市文化。在深圳，创新文化和创新意识已经深深融入城市的血液。移民文化孕育的创新精神和开放包容的城市品格成为深圳创新发展的内在驱动力。

1. 移民文化与创新精神

深圳是全国最大的移民城市。2020 年 4 月 15 日，深圳市统计局、国家统计局深圳调查队发布《深圳市 2019 年国民经济和社会发展统计公报》（以下简称《公报》）。《公报》显示，深圳市 2019 年年末常住人口 1343.88 万人，比 2018 年年末增加 41.22 万人。其中，常住户籍人口

494.78 万人，占常住人口比重 36.8%；常住非户籍人口 849.10 万人，占比达 63.2%。据《2016 全国城市年轻指数报告》，2016 年深圳年轻人口净增率达到 22.53%，位居全国城市首位。深圳是全国继北京之后，第二个齐聚 56 个民族的城市，而且超过北京、上海、广州，成为全国少数民族人口聚居规模最大、流动特征最明显的城市。

深圳拥有庞大的流动人口和更年轻的人口结构，在世界范围都属罕见。这无疑带来了频繁的文化交流，促进了文化的创新。移民是文化流动的天然媒介，移民城市容易形成开放、平等、创新、包容的城市氛围以及文化。

毫不夸张地说，深圳的城市发展史就是一部移民的创业史。开拓创新、奋发有为的移民价值观成为深圳人价值取向的最基本特征。深圳移民具备的广泛性和文化背景的多元性，使深圳的"移民文化"表现出巨大的包容性和开放性，即平等地对待每一位来自异乡的新人，宽容地接受一切创新的思想和观念。

40 多年前，改革开放的春风吹拂全国，深圳经济特区成为一片待开发的热土，一大批怀着理想、技能和热情的人士，从全国各地涌向这座年轻的城市。这些人有不少是僵化的计划经济体制下的"叛逆者"，敢于冒险、富于开拓精神、向往新生活，渴望在南海之滨的新兴城市里扎根、发展，期待有一天能衣锦还乡。作为经济特区，深圳肩负着中国社会经济和政治发展的探索重任，本身是一个试验场。于是，深圳移民的开拓精神以及深圳城市的发展定位，渐渐形成了以"敢于冒险、崇尚创新、追求成功、宽容失败"为内核的深圳创新文化和氛围。因此，深圳天生具备创新的因子。

移民文化的特质主要包括开放创新精神、包容精神和多元性。由于深圳是以外向型经济为主，促进了文化观念的开放创新，形成一种开放型的文化心态，正所谓"深圳，与世界没有距离"。创新精神是移民文化的一个重要特质。移民离开家乡来到深圳工作，就意味着离开稳定而传统的生活状态。尤其是 20 世纪 90 年代以后，深圳发展高新技术产业，一大批富有创新精神的企业家和年轻人在这里聚集，使深圳成为全国高新技术产业的高地，也成为创新文化的摇篮。

"海纳百川"是深圳城市移民文化的一个基本特征。"来了就是深圳人"极好地反映了深圳的包容性。深圳是以普通话而非粤语作为通用语言，也证明深圳是一个文化包容性很强的城市。不同地域具有不同生活方式和文化背景的人们把自身文化带到深圳，与深圳文化融合在一起。因此，包容精神既表现为对各种不同文化的兼收并蓄，还表现为全社会对创新创业的接纳和包容。

深圳的移民文化具有多元性特质，而多元性体现的是个性，来自不同地方、具有不同文化背景的人们都可以在这里自由地生活，展示各自的风采。深圳因港台文化的影响、岭南文化的传承、大众文化的繁荣，而建构起多元化的文化格局。开放和包容的文化心态决定了深圳具备宽松的文化氛围，融合的文化心理，多样的文化生活。

2. "床垫文化"代表艰苦奋斗精神

艰苦奋斗的企业精神是创新文化的重要组成部分，是成就深圳创新文化的起点和根基。很多来深创业的企业都经历了这样一个艰苦的奋斗历程，最具典型的当数华为公司的"床垫文化"，它既是华为精神的一个象征，也是深圳创新型企业的一个缩影，"床垫文化"也代表创业人的精神。

华为创始人任正非说，就是因为有了"床垫文化"这种艰苦奋斗的作风，才成就了华为的辉煌。

2015年新年伊始，几批参观团先后来到华为总部进行考察。在通往展厅的入口处，一幅"独特"的宣传画跃入眼帘：

画面中心是一双脚，更确切地说，是一双芭蕾舞演员的脚。其中一只穿着精致的舞鞋，优雅而美丽；另一只脚青筋暴起，伤痕累累。在强烈对比中，整个画面带给参观者一种巨大的心灵冲击。

旁边的文字更发人深思："我们的人生，痛并快乐着。"

看似是一双芭蕾脚，实质是华为在讲述自己。今天的华为是世界500强，是全球通信行业的领导者，是时代弄潮儿，像那只穿着舞鞋的脚，光鲜、优雅、美丽。但华为也像那只脱下舞鞋的脚，久经风霜，历经磨砺，背后有一个个讲不完的故事。

华为宣扬的是一种"奋斗、坚持、奉献、快乐"的精神，而艰苦奋斗恰恰是华为从诞生第一天起就已融入血脉的基因。华为今天的成功是华为人执着追求和不懈探索的结果。正如一句歌词所唱，"不经历风雨，怎么见彩虹，没有谁能随随便便成功"。

华为用自己艰苦创业30多年的历史证明了这一点。从当年艰难起步于深圳，从破釜沉舟研发程控交换机，到迂回曲折进军海外市场，拿下一个个全球运营商的订单，从奋起直追到在智能手机领域做到国内第一。这其中，有多少失败，多少泪水和汗水，如果没有坚持，没有"床垫文化"，哪有今天华为在全球信息与通信技术舞台上的飒爽英姿。

在华为内刊《华为人》第178期的《天道酬勤》中，任正非介绍了"床垫文化"的由来和意义。他提到一篇文章叫《不眠的硅谷》，讲述了美国高科技企业集中地硅谷的艰苦奋斗情形。无数硅谷人与时间赛跑，度过了许多不眠之夜，成就了硅谷的繁荣，也引领了电子产业的节奏。创业初期，华为的研发部从五六个开发人员起步，在没有资源、没有条件的情况下，以忘我工作、拼搏奉献的精神刻苦攻关，夜以继日地钻研技术方案，开发、验证、测试产品设备……没有假日和周末，更没有白天和夜晚，累了就在床垫子上睡一觉，醒来接着干，这就是华为"床垫文化"的起源。

"床垫文化"在今天依然是华为的精神支柱。任正非认为，华为走到今天，在很多人眼里已经很成功了，认为创业时期形成的"床垫文化"、奋斗文化已经不合适了，可以放松一些，可以按部就班。这是危险的。因为繁荣的背后，都充满着危机，这个危机不是繁荣本身必然的特性，而是处在繁荣包围中的人的意识。艰苦奋斗必然带来繁荣，繁荣后不再艰苦奋斗，必然丢失繁荣。

华为的"床垫文化"成就了华为今天的骄人业绩。2019年，在极为严苛的外部环境下，华为仍实现销售收入8588亿元，同比增长19.1%，实现净利润627亿元人民币。全球已有700多个城市、世界500强企业中的228家，选择华为作为其数字化转型的伙伴。个人消费者业务保持稳健增长，智能手机发货量超过2.4亿台，平板电脑、智能穿戴、智慧屏等以消费者为中心的全场景智慧生活应用布局进一步完善。

"80后"的创业者们也将华为这种奋斗精神沿袭了下来。"80后"刘自鸿获得斯坦福大学博士学位后，2012年创办柔宇，入选福布斯"2015中美十大年度创新人物"，被世界经济论坛评为2017年"全球青年领袖"。他的创业过程也极为艰苦。柔宇成立初期，刘自鸿每月往返深圳和硅谷，工作到凌晨两三点是常有的事情。创业两年后，柔宇成功研制出厚度只有0.01毫米的全球最薄可折叠、可卷曲的柔性显示屏，创新实力令全球瞩目。但刘自鸿并没有松懈，仍然保持每天工作 16 个小时的目标。几年来往返中美的飞行旅程超过 100 万公里。

不论是任正非提倡"床垫文化"，还是刘自鸿的高强度工作，都是深圳人艰苦奋斗、拼搏进取的精神体现。无数来闯深圳的人都是白手起家，务实肯干，才逐渐积累了财富，开创了一番事业。他们是深圳的建设者，也是深圳繁荣的基石，艰苦奋斗是他们具有的共同特质。

3. "深商"的企业家精神

熊彼特的创新理论认为，企业家是企业创新的主体，是创新文化的直接缔造者，创新动力来源一是企业家对利益的追逐，二是企业家精神。熊彼特所指的"企业家精神"主要是首创精神、成功欲、甘冒风险、精明理智、敏捷、事业心。企业家精神也是促生深圳企业创新文化的核心基因。

闯深圳的移民们在这片土地上寻找到新机会，靠自己的奋斗实现人生的转机和生活的改善，深圳媒体人将这种深圳企业、深圳商人的缩影归纳为"深商"精神。深圳人有强烈的商业意识和创新精神，善于发现商机，熟悉商业运作，精于商业包装，可以抛开烦琐的人际关系，全身心投入创新创业。

"深商"精神的第一个特质是敢于冒险、勇于创新，具有与众不同的胆魄。王传福 1990 年硕士研究生毕业后就在北京有色金属研究总院工作，1995 年辞职，创办了比亚迪。短短几年，比亚迪发展成我国排名第一的充电电池制造商，2018 年，王传福入选"改革开放 40 年百名杰出民营企业家名单"。陈秀峰本来在银行从事管理工作，后来创办了星源材质，专门从事锂电池隔膜的生产，建立国内第一条锂电池隔膜湿法制造生产线，一举打破了洋品牌的垄断，把锂电池隔膜价格从高位拉了下来，促进我国锂电池产业的飞速发展。

"崇尚创新，宽容失败"的创业氛围，使华为、比亚迪、星源材质这样致力于自主创新的企业能够脱颖而出，并占据行业主导地位。企业的创办者成为创业者心目中的英雄，引领着深圳自主创新体系走上良性循环的发展之路。

另外，深圳是一个市场经济发展较快的地区，这里中西文化交汇融合，从香港和境外引入的先进企业治理机制容易被社会接受，使深圳很多企业形成了比较好的组织架构和制度方案，为企业成功奠定了基础。同样构成了"深商"与众不同的创新文化基因。

"深商"精神的第二个特质，就是具有分享精神。产权架构的创新则赋予企业家一种利益分享的方式，赋予企业强大的生命力。深圳众多大型企业采取相对控股的股权结构模式，有利于发挥公司的管理作用，能有效地促进职业经理人按照股东利益最大化原则从事经营管理。

在深圳这块沃土上，创新创业激流持续迸发。深圳发展的根本动力来自高速成长的中小企业，每年都有成千上万的企业产生，在大量中小企业诞生和被淘汰的同时，众多优秀的科技企业迅速崛起，使深圳经济始终充满创新的活力。

4. 政府引导创新文化

2015年10月19日，李克强总理在全国双创周上了解到中科创客学院为创业者提供从蝌蚪到青蛙的一站式育成服务平台，提供科技信息资源和创业导师，以开放式技术平台孵化创客项目产品。他说："这是一所没有围墙没有边界的'大学'，希望你们不断扩大辐射范围，传递更多创业创新的基因密码。"

中科创客学院已基本形成独特的发展模式，学院充分利用深圳先进院的强大资源，实行"大资源、双导师、三通道"的管理办法，即深圳先进院开放实验室、开放科学家脑库、开放科研成果，整合科研大资源，为创客提供最专业、权威的技术支持；科学家、企业家/投资人担任双导师，让创客项目与科研、产业同步接轨，创新创业效率倍增；创业、就业、科研三通道，让创客们可自主选择未来发展方向。有效驱动创业行为得以实现。薛静萍介绍说，目前，中科创客学院已入驻创客 260 余人，项目逾 50 个，服务创客 5000 人次，为社会提供 600 余个就业岗位。同时，学院还与京东、TCL、共青团南山区委、东南大学等知名企事业单位共建 7 个创客营，获得红杉国际资本支持，设立"奖投金"，专门资助优秀的智能硬件项目。中科创客学院在创新创业事业上的积极探索，得到深圳市有关部门的大力支持，这是深圳市重视引导创新文化的一个实例。

其实，深圳企业创新的过程也是一个创新文化逐步受到重视，创新文化系统逐步得到认可的过程。2001 年，《中共深圳市委关于加快发展高新技术产业的决定》中提出，"培育崇尚创新的社会氛围，营造有利科技创业的综合环境"，专门有一条"加强创新文化建设。大力倡导鼓励创新、敢闯敢试、崇尚竞争、宽容失败、脚踏实地、不骄不躁的创业风尚，鼓励和引导企事业单位探索创新文化，培育企业家精神、团队精神、合作精神。鼓励各种形式的科技合作与交流，大力吸引高水平的学术会议在深圳召开，为科技人员的国际国内科技交流与合作创造有利的条件。积极引进国内外先进的管理经验，采用标准化技术，应用高新技术手段改善管理，提高管理水平。高度重视开展科技知识普及工作，形成全社会学科学、用科学、爱科学、讲科学的浓厚风气，提高全市人民的科技文化素养"。

2004 年，深圳市出台名为《关于完善区域创新体系推动高新技术产业持续快速发展的决定》的"1 号文件"，明确提出要建设、弘扬创新文化。既要积极倡导敢于冒险、勇于创新的精神，也要形成宽容失败、追求成功的品质；既要努力培养开放包容、崇尚竞争的意识，也要具备富有激情、力戒浮躁的气质。同时，要努力发挥企业家组织、学会、行业协会等社团组织的沟通和桥梁作用，以营造优良的有利于创新、创业的人文环境。

2006 年，深圳市颁布了《关于实施自主创新战略建设国家创新型城市的决定》，提出要把创新作为城市发展的主导战略，要率先建设国家创新型城市，要塑造自主创新的城市之魂；还提出要"强化创新意识，建设创

图 4-1　2017 年"高交会"期间举办了"创客之夜"活动

新文化平台"。一方面，要努力提高全市居民的科技素质和创新能力。加强对建设国家创新型城市工作的组织领导。继续在社会中实施全民学习计划，加大学习型社会的建设力度。大力实施科学普及和创新培训计划，努力为市民提供良好的创新教育与创新培训，为创新活动提供更好的基础、前提、条件和机会，形成崇尚科学、崇尚创新的良好风气，把创新内化为市民精神和城市精神。另一方面，大力创设、培育创新文化，培育企业家精神，继续倡导敢于冒险、勇于创新的精神气质，形成宽容失败、追求成功的文化空间，树立开放包容、崇尚竞争的文化意识，提倡富有激情、力戒浮躁的文化观念，努力把深圳建设成为海内外有影响力的国家创新型城市。

深圳市政府不断推进制度创新，为深圳创新文化提供了重要支撑。首先，深圳通过不断完善土地、财税、金融等基础性经济制度，最大程度地发挥市场在资源配置中的作用，建立了竞争有序的市场体系，实现了各种生产要素的合理配置，为深圳企业的发展壮大提供了基础保障。更为重要的是，深圳不断深化经济体制和政治体制改革，创立了"服务型"和"有限型"政府，政府对各种所有制企业一视同仁，在市场准入方面创造公平的环境，培育和扶持了一大批中小企业①。其次，深圳的制度创新还体现在为企业提供良好的金融支持环境，无论是金融机构的数量、银行的存贷量，还是创投机构数量和融资能力，都体现出深圳作为我国重要金融中心的地位，为企业发展提供了重要的支持。深圳拥有证券交易所等资本融资平台，建立了多层次的资本市场体系，培育和聚集了一大批优秀的创投机构，为深圳企业的跨越式发展提供了强有力的金融支撑。再次，政府制度

---

① 邵汉青、查振祥、郭万达、刘斐：《创新文化：深圳成功企业的最重要基因》，《开放导报》，2010 年 10 期，第 17 页。

创新体现在为企业创造良好的人才环境，不断优化人才政策，制订多元化的人才激励机制，吸引各地区的优秀人才涌向深圳，为企业的发展提供丰富的人力资源。

在"双区驱动"的时代背景下，深圳市政府继续发挥制度创新的引领和助推器作用，坚持正确处理政府和市场的关系，在民主法治建设方面积极探索，为企业创新提供更好的法制环境。如今，深圳已经形成了政府有创新导向、企业有创新活力、社会有创新氛围的良好局面。

5. 创新文化支撑深圳自主创新事业

任正非鼓励华为高级干部与专家多参加国际会议，多喝咖啡，与人碰撞，不知道什么时候就擦出了火花。任正非说："可与竞争伙伴基于各自擅长的领域开展互补优势的合作，在不损害双方核心技术机密，在不削弱对方市场竞争力的非核心领域，可进行共同开发，共同降低成本，共同提升对其他对手及潜在对手的竞争力。"①

华为推崇开放和创新的企业文化，创新活动在多个层面顺利展开，包括与行业伙伴、学术机构的合作，还通过分布在全球各地的联合创新中心与客户开展创新方面的合作，对全球智慧资源实现了有效整合和利用。客户需求是华为创新思维的来源，也是创新行为的目标。华为在全球范围内建立了30多个联合创新中心，这些中心也成为华为参与全球竞争的重要创新试验基地。

同样，深圳的创新文化为深圳的高新技术发展也提供了强有力的支

---

① 黄卫伟主编：《以客户为中心》，北京：中信出版社，2016年，第112页。

撑。有学者指出，"深厚的创新文化与良好的创新绩效正相关。作为一种无所不在的软实力，良好的创新文化通过有效路径，成为推动深圳创新能力不断增强、创新水平不断提高、创新绩效不断优化的关键因素和重要力量之一。在创新文化与自主创新的良性互动中，深圳的自主创新取得了世界瞩目的成就"①。

一是创新文化推动深圳成为全国自主创新的标杆城市。广阔深厚的创新文化背景，推动深圳取得明显成效，打造出自主创新的品牌效应。20 世纪 90 年代初，深圳市委、市政府提出要大力发展高新技术产业，深圳高新技术企业作为高新技术产业的主体快速增加，以自主创新为特征的高新技术产业成为深圳第一支柱产业；与此同时，以企业为主体的区域创新体系基本形成，深圳基本形成以市场为导向，以企业为主体，以产业化为目的的区域创新体系。经过多年的发展，深圳形成了较大规模的自主创新企业群体，它们是深圳自主创新活动的组织者和引领者，企业家在自主创新中居于核心地位，是技术创新战略的制定者和主导者。

二是创新文化支撑深圳自主创新。深圳自主创新取得如此良好的成效与创新文化的相辅相成密不可分。比如，鼓励创新就会有失败的风险。如果全社会能善待挫折、宽容失败，就会激励更多人参与到创新创业的大潮中。因此，崇尚创新和包容失败的城市文化可以很好地促进创新事业。深圳自主创新的主要路径离不开建立政府的"创新意识"，激发企业的"创新本能"，形成社会的"创新认同"，增强投资者的"创新信心"，吸引并留住创新技术和创新人才。

深圳将自主创新作为推动城市发展的引擎，积极充当自主创新战略的规划者、推动者和服务者；企业是自主创新的主角，坚持"自主创新、重

---

① 田欢：《创新 30 年：深圳的创新文化》，《中国发明与专利》，2010 年第 10 期，第 38 页。

点跨越、支撑发展、引领未来"的思路，提高核心技术的原创能力，加快
关键技术的创新；企业家则"从头到脚都流淌着创新血液"，由注重开发
自然资源转向注重开发人力资源，在各自的领域里不断实现创新突破。整
个社会崇尚创新、尊重科学，深圳创新文化生机勃勃，创新文化已经成为
深圳的基因！

【附录 1】

深圳经济特区科技创新促进条例

（2008 年 7 月 22 日深圳市第四届人民代表大会常务委员会第二十次会议通过）

第一条　为了促进深圳经济特区（以下简称特区）科技创新活动，提高城市的核心竞争力，建设国家创新型城市，依据有关法律、行政法规的基本原则，结合特区实际，制定本条例。

第二条　建立以企业为主体、产学研相结合、保护知识产权的技术创新体系，以制度创新、机制创新推动区域创新体系建设，将自主创新作为城市发展的主导战略。

第三条　深圳市国民经济和社会发展规划、城市规划的编制和修订应当充分体现促进科技创新的基本要求，并将高新技术产业发展、科技基础设施建设、重大科技项目等作为规划的重要内容。

第四条　市人民政府（以下简称市政府）应当制定深圳市科学和技术发展规划（以下简称科技规划），报市人民代表大会常务委员会审查批准后组织实施。

科技规划应当包括科技创新发展战略、目标、投入、关键技术与重大专项、政策措施等内容。

第五条　市、区人民政府（以下简称市、区政府）应当定期向本级人民代表大会常务委员会报告科技创新发展、科技政策与法规执行、科技发展专项资金使用等情况。

市、区人民代表大会常务委员会应当加强对市、区政府实施科技法律、法规情况的监督检查。

第六条 市、区政府科技行政管理部门（以下简称市、区科技主管部门）是本行政区域内科技创新促进工作的主管部门。

其他有关部门在各自职责范围内，负责相关的科技创新促进工作。

第七条 市、区政府应当探索建立适应自主创新需要的新型公共服务体系，组建战略研究、知识产权、技术转移、技术产权交易、情报信息等公共服务机构。

鼓励相关行业协会、中介机构等组织开展科技创新咨询、评估、经纪、行纪等服务。

第八条 合理利用境内外科技资源，促进科技交流与合作。

加强与香港特别行政区的科技合作，促进两地创新人才、设备、项目信息资源的交流，建立科技资源共享机制。

第九条 市、区政府应当加强科技创新型人才的培养和引进工作，为科技人才营造良好的工作、生活环境，建立、完善创新、创业的政策支持体系，吸引科技创新型人才到本市开展科技创新活动。

市、区政府应当制定促进人才培养的有效措施，拓宽人才培养渠道，加强创新型人才的后备队伍建设。

鼓励教育、培训机构开展创新型人才的继续教育和职业教育。 强化素质教育，加强开发少年儿童的创造性思维，支持青少年的科技创造活动。

鼓励、支持离退休人员的科技创新活动。

第十条 市、区政府应当建立财政对科技投入的稳定增长机制，引导和促进企业以及其他社会资金投入科技创新活动，推动全社会科技创新经费持续稳步增长。

　　市、区政府财政科技经费投入及其中的研发经费增长幅度应当与地方可支配财政收入的增长幅度相适应。逐步提高财政投入的研发经费占财政科技经费投入的比重。

　　第十一条 进一步整合市财政各类专项科技资金，设立科技发展的专项资金，分项管理，规范、统筹使用，提高科技经费的使用效率。

　　第十二条 科技发展专项资金的使用范围如下：

　　（一）科技创新理论、战略、路径与方法研究；

　　（二）基础研究、前沿技术研究、社会公益性技术研究；

　　（三）技术创新活动；

　　（四）新产品研制、高新技术成果转化；

　　（五）技术进步与技术改造；

　　（六）科技创新基础设施及重大项目建设；

　　（七）科技公共服务平台等科技条件平台建设；

　　（八）科技创新奖励；

　　（九）科学普及、科技交流与合作；

　　（十）知识产权资助；

　　（十一）与科技创新相关的其他活动。

　　第十三条　鼓励企业与高等院校、研究开发机构在本市的联合和协作。有下列情形之一的，科技发展专项资金给予配套资助：

　　（一）研究开发机构、高等院校建立或者与企业联合建立市级以上重点实验室的；

　　（二）取得国家、广东省科技计划项目与重大攻关项目立项的；

　　（三）本市企业采用委托研究、共同开发、产权共享等形式与香港特别行政区高等院校、法定机构研发合作的。

　　第十四条 建立和完善财政科技经费投入绩效评估机制。市科技主管部门应当会同有关部门制定科技项目评估标准，完善科技项目验收机制。

　　市政府有关部门应当依法加强对政府投入的科技经费使用情况的绩效监督。

　　市政府应当完善对财政科技经费使用的投诉处理机制和社会监督机制。

　　第十五条 建立政府财政科技经费投资或者资助建设的科技基础设施和科技条件平台资源共享机制，促进研究实验基地、大型科学仪器与设备、科技数据与文献、自然科技资源、信息网络资源等资源的整合和有效利用。

　　市科技主管部门应当会同有关部门按照本市经济社会发展和科技发展的需要，统筹规划，调整和设置本市公共技术研究开发机构平台。

　　第十六条 市政府可以发起或者参与设立创业投资基金，引导社会资金流向创业投资企业，引导创业投资企业投资于预期良好的科技项目或者属于鼓励发展范围的初创科技企业。

　　第十七条 市政府可以发起或者参与设立再担保机构，重点扶持担保机构对企业科技创新活动提供担保。

　　市政府可以建立政策性信用担保机构风险准备金制度，对于市政府设立的再担保机构为担保机构担保科技创新型企业提供再担保而发生的亏损，实行财政有限补偿担保代偿损失。

　　第十八条 市科技主管部门应当会同有关部门建立自主创新产品的评价标准和评价机制，并征求企业和社会的意见。每年公布本市自主创新产品目录，目录公布前应当公示，公示期限不少于十五个工作日。

　　政府采购、政府投资工程在同等条件下应当优先采购自主创新产品目录中的产品和服务；对符合国家规定、需要重点扶持且经科技、贸易工业行政主管部门认定，首次投放市场的自主创新产品，政府采购应当优先采购。

购买自主创新产品目录中的产品和服务的企业，在参与政府采购和承接政府投资工程时享有优先权。

第十九条 市政府应当对在科技创新活动中做出突出贡献的组织和个人予以表彰奖励。

第二十条 单位或者个人有下列行为之一的，五年内不得申请财政科技经费资助，市科技主管部门应当向社会公布：

（一）在申请科技计划项目中提供虚假材料，骗取财政科技经费的；

（二）非法挪用、侵占财政科技经费的；

（三）阻挠或者故意规避政府有关部门依法对科技计划项目的监督、检查和验收，情节严重的。

有前款规定情形的单位的法定代表人、董事、主要股东、实际控制人以及个人设立或者控股的其他单位，在申请财政科技经费资助时，适用前款规定。

第二十一条 行政管理部门及其工作人员，有下列行为之一的，依法追究负责的主管人员和其他直接责任人员的行政或者刑事责任：

（一）未按规定发放或者故意拖延发放财政科技经费的；

（二）贪污、挪用财政科技经费的；

（三）政府采购中，在自主创新产品目录中的产品能够满足需要时，采购非自主创新产品的。

受行政管理部门委托的组织或者个人，在科技成果、科技项目评估、鉴定或者论证等工作中，做出虚假评估、鉴定或者泄露企业商业秘密的，除依法追究法律责任外，行政管理部门在五年内不得委托其从事科技成果、科技项目评估、鉴定或者论证等工作。

第二十二条 市政府或者有关部门应当自本条例实施之日起十个月内就本条例第九条、第十一条、第十六条、第十八条制定具体的实施办法。

第二十三条 本条例自 2008 年 10 月 1 日起施行。

《深圳市人民代表大会常务委员会关于修改〈深圳经济特区科技创新促进条例〉的决定》经深圳市第五届人民代表大会常务委员会第二十六次会议于 2013 年 12 月 25 日通过，现予公布，自通过之日起生效。

深圳市人民代表大会常务委员会
2014 年 1 月 8 日

深圳市人民代表大会常务委员会关于修改
《深圳经济特区科技创新促进条例》的决定

（2013 年 12 月 25 日深圳市第五届人民代表大会常务委员会第二十六次会议通过）

深圳市第五届人民代表大会常务委员会第二十六次会议审议了深圳市人民政府提出的《〈深圳市会计条例〉等三项法规修正案（草案）》，决定对《深圳经济特区科技创新促进条例》作如下修改：

一、删除第十八条。

二、删除第二十一条第一款第三项。

三、第二十二条修改为：市政府或者有关部门应当自本条例实施之日起十个月内就本条例第九条、第十一条、第十六条制定具体的实施办法。

《深圳经济特区科技创新促进条例》根据本决定进行修改，并对条文顺序作相应调整，重新公布。

本决定自公布之日起施行。

【附录 2】

深圳经济特区国家自主创新示范区条例

（2018 年 1 月 12 日深圳市第六届人民代表大会常务委员会第二十二次会议通过）

第一章　总　则

第一条 为了全面实施创新驱动发展战略，保障和促进深圳国家自主创新示范区（以下简称示范区）的建设发展，加快建设现代化国际化创新型城市，率先建设社会主义现代化先行区，根据法律、行政法规的基本原则，结合实际，制定本条例。

第二条　示范区科技创新、产业创新、金融创新、管理服务创新、空间资源配置以及社会环境建设等适用本条例。

本条例所称示范区，是指经国务院批准设立，在推进自主创新和高技术产业发展方面先行先试、探索经验、做出示范的区域，包括深圳高新技术产业园区（以下简称高新区）和其他产业园区。示范区各个产业园区的具体范围由深圳市人民政府另行公布。

第三条　以科技创新为核心，加快建设创新驱动发展示范区、科技体制改革先行区、战略性新兴产业集聚区、开放创新引领区和创新创业生态区，发挥自主创新引领辐射带动作用。

第四条　完善以企业为主体、市场为导向、产学研相结合的创新体系，促进创新要素向企业集聚，不断增强企业创新能力。

第五条　培育激励创新的社会环境，营造开放包容、合作协同、崇尚创新的氛围，激发全社会创新活力。

第六条　市、区人民政府应当加强对示范区工作的组织领导，制定示范区发展规划，建立相应的资金投入和其他保障机制，统筹协调示范区工作中的重大事项。

第七条　对在示范区工作中做出突出贡献的单位和个人，由市、区人民政府及相关部门给予表彰和奖励。

第二章　科技创新

第八条　坚持以科技创新为核心，加强科学探索和技术攻关，突出关键共性技术、前沿引领技术、现代工程技术、颠覆性技术创新，形成持续创新的系统能力。

第九条 完善基础研究财政投入稳定支持机制。加大财政性资金对基础前沿、社会公益、重大关键共性技术研究等公共科技活动的支持力度，不断提高基础研究投入占财政科技投入的比例。

第十条 支持高等院校、科研院所、企业以及社会组织实施核心关键技术研发，以科技发展的重大突破带动生产力的跨越发展。符合条件的，由财政性资金给予相应资助。

第十一条 财政性资金应当逐步减少直接投入方式，综合运用财政后补助、间接投入等方式，支持企业根据市场需求开展技术创新，引导企业增加研发投入。

财政性资金应当作为受资助企业科技研发的配套资金，配套比例由市人民政府规定。

第十二条 支持高等院校、科研院所和企业在科技发达、创新资源密集的国家和地区建立境外研发机构和技术交流平台，参与国际科技合作计划。

支持国内外知名研发机构、科学家团队在示范区设立研发机构，开展核心关键技术研发和产业化应用研究。

第十三条 高等院校、科研院所、企业与深圳市外研发机构合作开展科学研究，成果在示范区内产业化的，可以视为示范区内科研项目，按照规定享受相关优惠待遇。

第十四条 对符合条件的战略性新兴产业和未来产业研发项目，可以由财政性资金给予相应的配套支持；也可以单独就科研领军人才培养和引进、大型科学仪器设施的购置和建设给予财政性资金资助。

第十五条 杰出人才、国家级领军人才，以及相当于国家级领军人才级别以上的海外引进人才组建科研团队开展科技项目研发，其项目符合财政性资金资助条件的，可以由科研团队主要负责人申请相关资助。所获得的资助资金通过所在单位或者合作单位按照相关规定管理。

第十六条 市、区人民政府可以委托具备相应资质和能力的机构行使出资人权利，将财政性资金通过阶段性持有股权方式，支持企业开展技术、管理以及商业模式等创新。

受托股权代持机构在股权退出时，所投入财政性资金出现亏损，经第三方评估机构评估，确认属于合法投资且已尽职履责的，可以按照规定予以核销。

第十七条 高等院校、科研院所和企业利用财政性资金或者国有资本购置和建设大型科学仪器设施的，产权及相关收益归购置和建设单位所有。协议另有约定的，从其约定。

第十八条 高等院校、科研院所以及科研人员以知识产权设立公司或者入股公司的，可以分别独立持股，并按照约定的股权分配比例办理公司登记或者股权登记手续。

第十九条 拥有大型科学仪器设施的高等院校、科研院所和企业等单位应当按照相关规定，将利用或者主要利用财政性资金、国有资本购置和建设的大型科学仪器设施，在满足自身使用需求的基础上最大限度向社会开放使用，支持相关组织或者个人开展科学研究和技术开发。

大型科学仪器设施购置和建设申请报告或者项目可行性研究报告应当包括开放服务承诺，明确开放时间、范围、方式等内容。但是，涉及国家安全、重大社会公共利益的项目除外。

大型科学仪器设施对外开放使用的，可以按照非盈利原则收取适当费用。

　　建立大型科学仪器设施对外开放使用的信息平台，及时公开开放使用的相关信息。

　　第二十条 推动深港两地联合资助研发项目的资金和仪器设施跨境使用，促进科研人员、仪器设施、财政科技资金在深港两地合理流动。

第三章　产业创新

　　第二十一条 实施自主品牌、知识产权和标准化战略，强化市场主导作用和企业创新主体地位，加快科技成果转移转化和先进技术推广，构建产业创新体系。

　　第二十二条 坚持绿色低碳循环发展的产业导向，禁止高能耗、高污染、高排放产业进入示范区，积极推动节能环保、清洁生产、清洁能源产业发展。

　　第二十三条 市、区人民政府应当推动区域品牌创新培育，加快知名品牌建设，增强本地知名品牌的质量竞争力和国际影响力。

　　支持品牌公共服务机构为企业提供品牌规划、培育、宣传和人才培养等服务，开展品牌认证，参与品牌价值评价。符合条件的，由财政性资金给予相应资助。

　　第二十四条 支持高等院校、科研院所和企业建立研发与标准创新同步机制，推动科研、标准和产业一体化发展。

　　支持标准服务机构参与标准制定、深圳标准认证、标准理论研究、标准人才培育、国外技术性贸易措施研究等。符合条件的，由财政性资金给予相应资助。

第二十五条 实施国家高新技术企业培育计划，建立国家高新技术企业培育库。相关部门可以对入库企业开展研发活动给予相应支持。

第二十六条 符合产业政策和产业导向目录、在深圳注册的工业企业实施技术改造的，可以按照有关规定申请财政性资金资助。

第二十七条 支持专业性和综合性中试基地建设，为企业产品实现工业化、商品化和规模化提供投产前试验或者试生产服务。符合条件的，由财政性资金给予相应资助。

第二十八条 鼓励企业孵化器为初创科技企业提供配套增值服务，构建全链条产业孵化体系，提升运营服务能力，提高初创企业存活率、知识产权拥有率和科技成果转化率。符合条件的，由财政性资金给予相应资助。

支持创客个人、创客团队、创客空间和创客服务平台发展，推动创意转化为产品或者服务。符合条件的，由财政性资金给予相应资助。

第二十九条 市、区人民政府应当积极培育科技服务机构和科技创新服务平台，为高等院校、科研院所和企业提供相关服务。

市、区人民政府应当加强科技服务机构和科技创新服务平台规范管理。

第三十条 搭建军民融合项目投融资平台，促进军民创新融合，构建军民信息和设施共享机制，支持企业承担国家军民融合重大专项计划项目或者与军工单位开展研发合作，推进军民两用技术研发与科技成果转化。

第三十一条 推动深港两地实现执业资格互认，支持取得香港执业资格的专业人士直接为前海深港现代服务业合作区提供专业服务，并逐步扩展到其他产业园区。

支持工程师、经纪人等相关行业协会在前海深港现代服务业合作区建立与国际接轨的执业资格评价制度，相关部门可以按照有关规定认可其评价结果。

第四章　金融创新

第三十二条 建立适合示范区创新发展的金融服务模式和体系，拓展金融市场支持创新的功能，为科技企业提供综合金融服务。

第三十三条 支持商业银行建立适合科技企业的授信准入、风险评级、审查审批和贷后管理制度，提高科技企业信贷管理水平。

鼓励有条件的银行业金融机构在依法合规和风险可控的前提下，开展贷款与股权、期权等投贷联动创新，为科技企业融资提供服务。

第三十四条 支持深圳证券交易所发展多层次资本市场，优化融资服务，丰富交易产品，吸引境内外企业上市融资。

鼓励中小企业通过境内外证券交易机构开展融资活动。

第三十五条 支持符合条件的创新型企业通过发行企业债、公司债以及小微企业增信集合债、项目收益债等债券，拓宽融资渠道。

第三十六条 支持保险机构开发科技保险、出口信用保险、专利保险、小额贷款保证保险等产品，为科技企业提供风险保障和融资支持。

第三十七条 设立政府投资母基金或者联合社会资本设立、参股子基金，重点支持高技术产业、新兴产业等领域早中期、初创期创新型企业发展。

第三十八条 完善知识产权质押投融资风险补偿机制。市人民政府可以发起设立知识产权质押投融资风险补偿基金，对符合条件的知识产权质押投融资失败项目给予一定比例的补偿。

第三十九条 推动建立与人民币资本项目开放相契合的中国（广东）自

由贸易试验区深圳前海蛇口片区账户管理体系，形成人民币跨境业务创新枢纽，在人民币国际化、资本项目开放等重点领域先行先试。

第五章　管理服务创新

第四十条　创新政府管理服务，实现公共服务优质高效，营造有利于示范区创新发展的政务环境。

第四十一条　市、区人民政府设立示范区管理联席会议，履行下列职责：

（一）研究示范区发展规划；

（二）统筹协调示范区的重要政策制定、重大项目安排以及改革试点工作；

（三）考核评估示范区工作；

（四）研究决定有关示范区工作的其他重要事项。

联席会议由市、区人民政府负责人召集，发展改革、经贸信息、科技创新、财政、规划国土、市场监管、教育、司法行政、人力资源、税务、国资监管、金融监管相关部门等参加。区人民政府可以参加市人民政府的联席会议。

联席会议办公室设在市、区科技创新部门，负责日常工作。

第四十二条　市科技创新部门负责下列示范区建设发展工作：

（一）拟定示范区发展战略、规划以及相关政策措施，经批准后组织实施；

（二）协调重大项目安排以及有关基础前沿、社会公益、重大关键共性技术研究等，指导高新技术产业化以及应用技术的开发与推广，促进科技成果转化；

（三）工作职责范围内相关资金、基金的申报、管理和监督；

（四）开展高新技术企业认定的相关工作；

（五）市人民政府规定的其他工作职责。

市人民政府其他部门在各自职责范围内实施示范区发展战略、规划和政策，提供相关公共服务，共同推进示范区建设和发展。

第四十三条 区人民政府负责辖区内示范区产业规划的编制和实施，重大项目引进，监督管理和服务等工作。

第四十四条 建立市、区人民政府跨部门财政科技资金统筹决策、联动监管和绩效评价制度，统一项目管理和信息公开平台，合理安排财政科技资金投入领域、比例和规模，提高财政性资金使用效益。

第四十五条 市、区人民政府及相关部门涉及示范区企业事业单位、其他组织或者个人在科技创新、产业创新以及人才培养和引进等方面的登记、许可类信息，应当互联互通，建立信息共享机制。

已经向政府部门提交的资料或者政府部门已经生成的资料，企业事业单位、其他组织以及个人在同一政府部门或者本级政府不同部门办理登记、许可、资格认定或者资金扶持申请等事项时，无须重复提交相同资料。相关部门不得以此为由拒绝受理申请；确需相关资料的，由受理部门自行调取。

第四十六条 完善科技评价制度，发挥多元评价主体、多元化评价标准在科技评价中的作用，提高科技评价的科学性和合理性。

应用研究、产业化攻关等相关项目的论证和评审应当加大技术可行性的权重。

第四十七条 建立跨部门、跨地区的科研项目评审、验收专家库，将国内、国际相关领域的领军人才作为科研项目评审、验收专家候选人。

行政主管部门和受委托组织科研项目评审、验收机构的工作人员不得参加或者干预科研项目的评审和验收。

第四十八条 建立财政性资金资助项目知识产权合规性审查制度，强化知识产权创造、保护和运用。

申请财政性资金资助的申请人和项目负责人应当向行政主管部门提交项目知识产权合规性声明。

行政主管部门应当会同知识产权部门对拟安排资助资金达到市、区人民政府规定数额的项目开展知识产权合规性审查，发现存在知识产权侵权行为或者侵权风险较高的，不予资助。

第四十九条 对于申请财政性资金资助的项目研发、人才培养和引进以及大型科学仪器设施购置和建设等，除涉及国家秘密外，审批、评审或者评议的结果应当向社会公开。对于审批、评审或者评议未能通过的申请，应当在五个工作日内向申请人说明理由。

第五十条 市、区人民政府及其相关部门应当加强对财政性资金使用情况的监管，定期形成资金使用情况报告，确保资金合理、足额用于资助事项。

相关部门可以根据需要委托专业机构对财政性资金资助的事项进行管理，但不免除委托部门对资金使用的监管责任。

第五十一条 资助科研项目、科研领军人才培养和引进，以及大型科学仪器设施购置和建设的财政性资金达到市人民政府规定数额的，由批准资助的行政主管部门委托专业机构对资金使用情况进行审计。

市、区审计部门应当根据工作职责和市、区人民政府的工作安排，对有关部门执行本条例相关规定的情况依法进行审计监督，审计报告依法向社会公开。

第五十二条 除下列情形外，依法完成规划环境影响评价的产业园区，建设项目符合规划环境影响评价和审查意见的，可以适当简化环境影响评价内容或者调整环境影响评价类别：

（一）环境影响评价文件应当由省级以上环境保护部门审批的；

（二）建设项目属于电镀、化工、造纸、印染、制革、发酵酿造、规模化养殖和危险废物综合利用或者处置等重污染行业的。

第五十三条 市、区电子政务服务主管部门应当建立自主创新信息公共服务平台，提供政策法规、市场监管、科技成果、标准技术文件以及民生服务等信息查询服务。

第五十四条 市、区科技创新部门会同人力资源部门为科研人员提供公益性知识拓展、更新培训，提高科研人员的科技水平和创新能力。

知识拓展、更新培训可以委托高等院校、科研院所、科学技术协会、相关行业协会或者高新技术企业等承办。

第五十五条 市、区科技创新部门会同司法行政部门为高等院校、科研院所、企业以及科研人员的创新活动提供法律咨询、代理、法律援助、公证、司法鉴定、法律专业培训等公共法律服务。

第五十六条 建立知识产权公共服务平台，为高等院校、科研院所、企业以及科研人员提供知识产权查询、代理、评估、运营以及维权援助等服务。

第五十七条 市金融监管部门会同相关单位建设一站式中小企业投融资服务平台，提供债权和股权融资等服务。

第五十八条 市、区统计部门应当创新统计调查与分析方式、方法，加强跨部门数据比对与分析研究，及时发布宏观经济数据以及新产业、新经济、新业态发展等数据，为企业创新发展提供统计信息服务。

第五十九条 建立和完善以创新发展为导向的考核机制，将实施创新驱动发展战略作为重要考核指标，纳入区人民政府以及市、区人民政府各部门和相关机构绩效考核范围。

第六十条 取消涉及高新区内企业购买厂房、迁址、租用厂房以及配套住房的行政许可，相关事项按照有关协议执行。

第六章　空间资源配置

第六十一条 坚持市场配置资源与政府产业导向相结合的原则，建立创新型产业用地、用房保障制度。

第六十二条 规划国土部门应当优化示范区城市规划，将高技术产业、战略性新兴产业、未来产业等创新型产业用地需求纳入城市建设与土地利用年度实施计划，优先安排创新型产业用地。

第六十三条 规划国土部门应当以创新型产业及其配套设施建设为重点，加强统筹协调，加快示范区内旧工业区、低密度功能区以及零星地块的土地整备工作。

第六十四条 坚持土地空间利用与生态文明建设相结合，根据不同区域的功能定位划定各类产业的限制、禁止区域，合理预留绿化用地以及其他生态建设用地，实现科技创新与生态保护的协调发展。

第六十五条 在示范区内申请创新型产业用地，或者已取得使用权的土地需要改变用途的，应当符合示范区产业规划和城市规划要求。

第六十六条 申请高新区创新型产业用地使用权的，应当为高新技术企业。

取得高新区创新型产业用地使用权的高新技术企业所建的产业用房依法用于出租的，承租人应当为高新技术企业或者为高新技术企业服务的相关企业、机构。

高新区保障性用房建设用地以及公共设施建设用地的具体办法由市人民政府规定。

第六十七条 通过招标、拍卖和挂牌方式取得示范区土地使用权，受让人转让土地使用权或者人民法院强制执行但是没有符合受让条件的次受让人或者竞买人的，由市、区人民政府按照土地使用权出让协议约定的条件和价格回购。

第六十八条 市、区人民政府可以根据示范区城市规划以及创新型产业发展要求建设创新型产业用房。

产权归政府所有的创新型产业用房建设所需土地，可以采取划拨、协议出让方式取得。

第六十九条 产权归政府所有的创新型产业用地或者用房，应当主要以租赁的方式保证符合条件的企业对用地用房的实际需求。

租赁期满且项目发展符合产业导向目录的企业，可以续租或者在同等条件下优先租赁土地或者购买创新型产业用房。

第七十条 在示范区内以招标、拍卖和挂牌方式取得土地使用权，以及属于城市更新项目升级改造为创新型产业用地功能的，应当按照规定配建创新型产业用房。

第七十一条 支持旧工业区实施城市更新，促进产业升级，提高产业配套水平；支持原农村集体经济组织继受单位按照有关规定参与示范区创新型产业项目建设，提高土地利用效益。

第七十二条 通过协议出租或者协议出让方式取得创新型产业用地使用

权建设产业用房依法用于出租的，出租价格不得高于产权归政府所有的创新型产业用房相应的出租价格标准；高出的部分，由区人民政府予以没收。

第七章　社会环境建设

第七十三条　充分发挥政府各部门以及工会、共产主义青年团、妇女联合会等群团组织和相关社会组织在示范区建设发展中的积极作用，营造有利于创新发展的法治环境、市场环境和文化环境。

第七十四条　健全保护创新的法治环境。加快创新薄弱环节和领域的法规、规章和规范性文件制定工作，对法规、规章和规范性文件不适应示范区发展需要的内容及时进行清理。

企业事业单位、其他组织和个人认为法规、规章、规范性文件的内容不适应示范区建设发展需要的，可以向相关部门提出修改或者废止建议，相关部门应当研究处理并按照规定予以答复。

第七十五条　加大对示范区建设发展的司法保护力度。人民法院、人民检察院应当综合运用司法办案、司法建议等形式，积极维护高等院校、科研院所、企业以及科研人员的合法权益。

第七十六条　培育开放公平的市场环境。强化需求侧创新政策的引导作用，降低企业创新成本，扩大创新产品和服务的市场空间。

第七十七条　市、区人民政府及相关部门可以举办或者鼓励高等院校、科研院所、行业协会以及其他组织举办创新创业培训、比赛、论坛、展会、创意征集等活动，营造支持创新的社会氛围。

第七十八条　支持行业协会和知识产权中介机构等参与知识产权保护，

提供知识产权侵权监测、证据收集、评估定价、预案预警、调解纠纷以及维权援助等服务。

第七十九条 鼓励职业院校、技工院校与相关行业协会、企业通过开发课程和教材、提供实训基地、制定行业培训标准等方式开展合作，联合培养技术技能型人才。

第八十条 鼓励企业、行业协会以及其他组织和个人设立科技奖励基金，对关键共性技术、前沿引领技术、现代工程技术、颠覆性技术创新项目，以及在科学研究、技术开发、科技成果推广应用、高新技术产业化、科学技术普及等方面做出突出贡献的单位和个人予以奖励。

第八十一条 营造崇尚创新的文化环境。在全社会形成鼓励创造、追求卓越、宽容失败的文化氛围，推动创新发展成为深圳城市精神的重要内涵。

弘扬企业家精神，充分激发科研人员的创造活力，发挥企业家和科研人员的示范带领作用。

第八十二条 加强科学普及基础设施建设，创新科学普及理念和模式，围绕重大创新成果和科研进展，开发和推广系列科学传播产品，向公众传播科学知识、科学方法、科学精神和科学文化。

鼓励企业事业单位和行业协会等设立面向公众的科学普及场所。有条件的，应当根据自身特点面向公众开放研发机构、生产设施（流程）或者展览场所，作为科学普及教育基地。

第八十三条 科学技术协会可以通过下列方式，支持示范区建设发展：

（一）开展国内外学术交流；

（二）参与人才评价和推荐；

（三）开展科学普及活动；

（四）提供决策咨询；

（五）维护科研人员的合法权益；

（六）其他促进科技创新的活动。

科学技术协会和其他科技类社会组织可以承接政府相关职能转移，开展科技评估、奖励推荐等活动，充分发挥其在自主创新体系中的作用。

第八十四条　工会、共产主义青年团、妇女联合会等群团组织应当发挥自身优势培育创新精神，支持相关组织和个人参与创新相关活动。

第八十五条　新闻媒体应当加大对创新驱动发展战略实施的宣传报道和舆论引导，宣传相关政策法规、创新典型、创新成果以及创新品牌，营造支持创新的良好氛围。

第八章　法律责任

第八十六条　利用或者主要利用财政性资金、国有资本建设和购置大型科学仪器设施，不按照规定履行对外开放使用义务或者违规收费的，由相关部门责令限期改正，已违规收取的费用，由相关部门予以没收；对直接负责的主管人员和其他直接责任人员依法给予处分。

第八十七条　未按照财政性资金资助合同书或者任务书的要求提交相关报告、结题（验收）申请的，除因不可抗力导致无法完成外，应当按照约定或者规定予以整改；未整改或者整改后仍达不到合同书或者任务书要求的，相关部门应当停止资助，并责令退回已资助的资金，将申请人和项目负责人纳入失信名录，三年内不接受其财政性资金资助申请。

因不可抗力导致资助事项无法完成的，申请人应当退回尚未使用的财政性资金。

第八十八条 财政性资金资助的项目有下列情形之一的，相关部门应当停止资助，并责令退回已资助的资金，将申请人和项目负责人纳入失信名录，五年内不接受其财政性资金资助申请；构成犯罪的，依法追究刑事责任：

（一）弄虚作假骗取财政性资金的；

（二）非法挪用、侵占、冒领、截留财政性资金的；

（三）有知识产权侵权行为，经行政主管部门或者司法机关依法确认有过错的；

（四）法律、法规规定的其他情形。

第八十九条 在科研项目评审、验收、评估、鉴定等工作中，做出虚假评审、评估、鉴定或者泄露企业商业秘密的，除依法处罚外，纳入失信名录，五年内不得从事科研项目评审、验收或者科学技术成果评估、鉴定以及论证等工作。

第九十条 受委托组织科研项目评审、验收机构的工作人员参加或者干预科研项目评审和验收的，委托部门应当撤销委托，五年内不得委托该机构组织科研项目评审、验收工作；构成犯罪的，依法追究刑事责任。

第九十一条 行政主管部门及其工作人员未按照法律、法规和本条例规定履行职责，或者滥用职权、徇私舞弊、玩忽职守的，由所在单位或者监察机关依法给予处分；构成犯罪的，依法追究刑事责任。

第九章　附　则

第九十二条 本条例所称的区，包括市辖各行政区和光明、大鹏等管理区。

第九十三条 示范区外实施创新驱动发展战略的相关工作，可以参照适用本条例。

第九十四条 本条例自 2018 年 3 月 1 日起施行。

结　语

18 年前，深圳创业者群体第一次走入笔者报道的视野。当时，有一家小企业创始人从做代理贸易起家转做研发型企业。问其转型的原因，他说："大学老师送给我的两个字，叫作'观远'。经过多年创业，我深深认识到作为一名创业者，必须有长远的眼光，看问题要有高度，比如，对行业、对竞争对手的情况都要了然于胸，才能走得更远。做贸易虽然可以赚钱，但长远来看，销售自主研发的产品则意味着更高的门槛，更有底气和实力。"

2019 年，听闻一朋友创业多年，终于把企业推上了资本市场。再次见面，这位朋友仍然保持着谦逊而朴素的作风，如过去一样醉心于研发工作。谈及创业感受，他说得最多的一个词是"承载"："能不能成事儿，关键得看自己能承载多少，团队能承载多少。在我眼里，并不是上市就万事大吉，这只是一个新的起点，我们要再次出发。"

2020 年，在创作这册书的时候，"承载与远见"很自然地成为此书的书名。希望把心中对创业者的所有期待与祝福写进这本书里，希望广大创业者既拥有长远的战略眼光，又具备承载福报的综合实力，能够开拓美好的事业疆土，为建设创新型国家贡献一份力量。

当然，对于一座城市的产业发展而言，同样需要具备"远见与承载"的特质。20世纪80年代，深圳从引进外资"三来一补"企业，到"外引内联"，是深圳创业初期兴办产业的主要举措，也是深圳经济特区在缺乏资金和人才等情况下的必然选择，对于深圳的崛起功不可没。但深圳人并没有止步于做劳动密集型的来料加工，而是从20世纪90年代开始大力发展高新技术产业，从高新区的建立，到企业研发中心的兴起，再到高交会的举办，科技金融体系的初步形成，扶持高新技术产业发展的政策出台，一系列举措将深圳迅速建设成为一座具有国际影响力的科技产业之城，培育出了华为、大疆、普门科技、清溢光电、今天国际、远望谷、华科创智等一大批优秀的科技企业，在产业发展实践方面取得亮眼成绩。

著名的《经济学人》杂志2017年4月刊发了题为《深圳已成为创新温室》的特别报道，报道称，深圳已经做了比中国内地任何地方更多的工作，来彻底埋葬"山寨中国"的过时神话，目前的深圳已经成为硬件和制造业创新的全球枢纽。该文部分揭示深圳成功的原因，如超越计划经济、发展民营经济、重视研发、产业链完整等。但实际上，深圳历届主政者所具有的"远见"，是他们决策和行动的基础。他们看到了城市发展的核心动力必须是创新驱动，在城市环境"超载"等一系列"难以为继"之下不能就发展谈发展，而要为转型升级而转型升级。正是由于深圳人具有远见，才会意志坚定地把自主创新作为城市发展的主战略，努力建设国家自主创新型城市。

再说"承载"这件事儿。古人云"厚德载物",对一座城市而言同样需要厚德才能承载得更多。如果深圳这座城市小富即安、骄傲自满,那就无法担当改革试验田、先行示范区的历史重任。改革开放初期,深圳"只有政策",没有钱,于是"杀出一条血路来"。为了发展经济,深圳市委冒着巨大的政治风险,以一种大无畏的开放、敢闯敢试、开拓进取的精神,不断地突破一系列思想禁地,在土地改革、物价改革、人事、金融、分配机制等方方面面进行大胆的体制机制创新,不少改革举措具有里程碑式的意义,制度创新带来了举世瞩目的"深圳速度"。

如今,深圳迈入高质量发展阶段,质量效益成为深圳发展最显著特征。近年来,深圳市委、市政府全力推动"深圳速度"向"深圳质量"转变,重点抓规划、抓服务,引导市场资源配置,相继开展政府大部制改革、商事登记制度改革等一系列改革,出台全国首部质量"基本法"——《深圳经济特区质量条例》,为把深圳建设成质量强市营造良好的政策环境、市场环境和法治环境。过去,深圳以生产总值为本制定城市发展战略,今天,深圳围绕全体市民的需要和福祉来拟定城市发展战略,包括经济、政治、文化、社会和生态文明"五位一体"的全面建设规划,深圳在践行中央提出的"五大发展理念"方面位居全国领先地位,高质量全面建设小康社会。

笔者坚信,当一座城市具有了智慧远见和承载实力,就能乘风破浪,迎难而上,必将发展成为全国乃至世界的重要科技创新中心。在此,笔者把心中的美好祝福送给深圳这座年轻的城市!

图书在版编目 (CIP) 数据

承载与远见：机制催生创新 / 王小广主编；杨柳
著.—深圳：海天出版社.2020.12
（深圳先行示范丛书.科技创新卷）
ISBN 978-7-5507-3026-7

Ⅰ.①承… Ⅱ.①王… ②杨… Ⅲ.①高技术产业—
产业发展—研究—深圳 Ⅳ.①F127.653

中国版本图书馆CIP数据核字（2020）第201328号

承载与远见：机制催生创新
CHENGZAI YU YUANJIAN JIZHI CUISHENG CHUANGXIN

出 品 人　聂雄前
责任编辑　梁　萍
责任校对　果凤双
责任技编　梁立新
封面设计　蒙丹广告
_____
出版发行　海天出版社
地　　址　深圳市彩田南路海天综合大厦　（518033）
网　　址　www.htph.com.cn
订购电话　0755-83460239（邮购、团购）
设计制作　蒙丹广告0755-82027867
印　　刷　深圳市天鸿印刷有限公司
开　　本　787mm×1092mm　1/16
印　　张　13
字　　数　150千
版　　次　2020年12月第1版
印　　次　2020年12月第1次
定　　价　88.00元
_____